Love, Money and Universe

愛とお金
そして
宇宙

もっと豊かに生きたいあなたに贈る

222のメッセージ

ルナロジー創始者
Keiko

扶桑社

はじめに

今年4月、時を同じくして届いた、
友人2人からのメール。
メールを開いて、私はさらに驚いた。
2人とも、ほぼ同じことを聞いてきたから。
「運命って、変えられるのかしら?」

彼女たちがそんな質問をしてくること自体、
私にはかなり意外だった。
なぜってその2人はどちらもとびきり美しく、
素敵なパートナーがいて、
社会的にも十分成功しているんだもの。
そのうちの1人(外国人)などは、
普通の人が逆立ちしたって到底得られないほどの
ステイタスを手に入れている。

そう、運命を変える必要など、まるでない2人なのだ。
そんな2人が、私に運命を変えられるかどうか
聞いてくるなんて……いったいどういうこと??

実情をいうと、

1人は長年連れ添ったパートナーとの関係に悩み、

もう1人は、

もはやパッションの感じられない仕事に悩んでいた。

いまの仕事を辞めた場合、

どうやって収入を得たらよいのかと。

どう返信すべきか悩みながらも、

結局、私は具体的なアドバイスを一切しなかった。

それが本人のためだと思ったから。

私が2人に伝えたのはただ、

愛とお金が同じエネルギーであること。

2つとも、

宇宙という大いなる存在のもとに動いていること。

宇宙には意思があり、

私たちがそれを満たしてあげれば、

愛もお金も自動的に与えられるということ。

地から風へと時代が変わっても、
この法則は変わらない。
真理はつねに、宇宙にあるのだから。

2024年5月から始まった双子座木星期は、
「言葉」にパワーが宿る時代。
たったひとつの言葉に答えを見出し、
ふと目にした1行に人生最大の気づきを得る——
そんなことが毎日でも起こり得るときだからこそ、
私からあなたに届けたいメッセージ。
それを1冊にまとめたのが、この本。

私の言葉があなたの未来に
一筋の光を灯すことを祈りつつ、
222のメッセージを贈ります。

Keiko

出会いは突然

運命の出会いは、唐突にやってくる。
気配なんてありません（笑）。

人知を超えたことが起こるからこそ、
人はそれを「運命」と呼ぶのです。

ある日突然「そのとき」がやってきて、
「必要な出来事」が起こり出会うべき人に出会う
—— 運命の出会いって、そういうもの。

パートナーがいないと焦ってる方は、
結婚とか出会いとかということを
いったん頭の外においてみてはいかが？

そもそも「どうしたらステキな人に会えるか」
などというのは、私たち人間が考えることじゃない。
宇宙に一任すべきことなの。

家の鍵だろうがメガネだろうがパートナーだろうが、
血眼になって探している間は
見つからないことになってる。

それが、「もういいや、探すのや〜めた！」と
手放した途端、あっさり手に入ったりするんです。

意識を向けるべきは、あくまでも自分。

あなた自身が「いい状態」でいること。
明るく素直でいること。
そして、いつもオープンマインドでいること。

あとは宇宙におまかせで。

豊かさの原点

お金に関するお悩みやご質問を
たくさんいただくのですが……

お金に問題のある人って、
循環できてないんだと思うの、お金を。
つまり、分け与えることができてない。

「だって、分け与えるほどないもの！」
そうおっしゃるかもしれない。
でも、だったら愛を分け与えればいいじゃない？

お金をシェアできないなら、
愛をシェアすればいいの。
愛とお金は同じエネルギーなんだから。

どっちが先でも構わない。
要は、自分が持っているものをシェアする。
分け与える。

循環させる。

それを当たり前にできることが大事なのね。

分け与えるのは情報でも知識でも、もちろんOK。

笑顔でもいいし、優しいひと言でもいい。

なんなら、手作りのクッキーだって。

人が喜んでくれるものだったら、なんでもいいのよ。

人に喜びを与えること——それこそが、愛。

これを機にぜひ、

自分がシェアできるものは何かを考えてみて。

「どうしたら、より多くの人を喜ばせることができるか」

それがわかれば、お金には一生涯、困らない。

愛あるところに、人もお金も集まるのだから。

003

吉凶混交

「コンクールで2件入賞！　コンペでも褒賞！　今月に入ってプラス個人褒賞！　3件も立て続けに起こるとは！　奇跡です！それと同時になんの試練？と思うようなことにも見舞われております。とうとう最後には、涙が止まらなくなってしまいました……」（S子さん）

吉凶が同時にやってくるのは、
「次のステージへ移行中」のサイン。
現在のステージからワンランク上へ行くときは、
いいことも悪いことも、ごちゃ混ぜになってやってくるの。

ほら、飛行機が離陸してぐぐ——んと上に行くときって、
荷物が落ちてきたりコップが倒れたりするじゃない？
席を立って歩いたりしたら、それこそ転んじゃうだろうしね。

上に向かうときって、それだけ不安定なのよ。
落ちるときと違って、
上に行くときはどうしたって「負荷」がかかる。

その見えない負荷の部分が、
試練だったりつらいことだったりするわけね。

でも、上に上がりきって水平飛行になると、
エネルギーも安定する。
ここまでくると、つらいことや嫌なことはなくなってきます。

つまり、吉凶混交は
「リーグ入れ替え戦の真っ最中」ってこと。
この状態、そう長くは続きません。
間もなく安定飛行に入るから大丈夫よ。

[Keiko的金言]

004
ときに目を見て、愛を語らう

いやいや、テレがあるのはわかりますよ。
でも、常にジョークの応酬だけじゃ
男女の仲が進まない。
本気ならまず、相手の目を見る。
逸らさない。それだけで愛は伝わるものよ。

005

朝 の 邪 気 払 い

私が朝起きてまず最初にするのは窓を開けること。

ベッドルームだけでなく、家中の窓、すべて開けます。

もちろん真冬でも！

そして、玄関に香を焚く。

これが、朝起きて真っ先にやることかな。

邪気ってね、夜、溜まるんですよ。

夜というのは、いろんなエネルギーがうごめく時間帯。

運を熟成させる時間であると同時に

邪気が溜まる時間でもあるのね。

運はいくら大きくなってくれてもいいけど、

邪気にはびこられたら困るでしょ？

家に邪気が棲みつかないようにするには、

夜、溜まった邪気を24時間たたないうちに

（つまり朝のうちに）家から追い出しちゃうのがいちばん！

浄化力のあるお香を焚いて
前の晩に溜まった邪気を
朝のうちにしっかり家から追い出しておく
──これ、大事ですよ。

何もしないでいると邪気は日々溜まっていく一方。
自然に出てってくれるなんてことはあり得ません、
残念ながら。

しかも邪気って、溜まってしまうと
エネルギーお化けになっちゃう。
そうさせないためにも日々こまめに浄化しておかないと。

お香が素晴らしいのは、
その波動が私たちの体内にも入ってくるから
（呼吸とともに自然に入ってくる）。

お香を焚くことは私たち自身の浄化にもなって、
まさに一石二鳥なのです。

006

「せっかく」は使わない

私たちがときどき使う
「せっかく〜したのに……」という言葉。
これ、要注意ですよ。

「せっかく10年間も勤めたのに……」
「せっかく正社員なのに……」
「せっかくいい条件の人なのに……」

こんなふうに、「せっかく」っていう言葉は、
本当は手放したいけれど、
それはもったいないからやめましょうという、
つまり、前進を阻む言葉なのね。

この思考に陥ると、前に進めないのですよ。
新たな可能性を失ってしまう。
この「せっかく思考」に陥ってチャンスを逃してる方、
多いですよ。ものすごーく、多い。
さて、あなたはいかがですか?

007

開運アイテムは必要？

「開運アイテムは必要ですか？
友人に“そういう物に依存するのはよくない”
と言われたのですが、どう思われますか？」（M子さん）
そうねー、運をよくしたいなら、
何かしら「道具」があったほうがいいでしょうね。
開運アイテムって、いってみればサーフボードみたいなもの。
そう、宇宙という大海原で
強運という波に乗るための、サーフボード。
いくらいい波がきたって、
身ひとつで波に乗るのはさすがに難しいでしょ？
最低限、サーフボードという道具はあったほうがいい。
でも、だからといって、
サーファーがサーフボードに依存してるかっていったら、
別にそんなことはないわけで。
利用してるんですよ、単に。
開運アイテムも、まさにそういうこと。
賢く使って、運の波に
サクッと乗っちゃったほうがいいと思わない？

008

応援される人になる

私たちって、ケンカや仲違いをすると
そのままになりがちでしょ。
なかなか歩み寄れない。

でも、なるべく早いうちに関係を修復するのは、
運気アップのためにも必要なこと。

人生の基本は、人間関係。
人間関係抜きにして、運も幸せもありません。

実際、人間関係がよくなれば
運はひとりでによくなるもの。

逆に、人間関係がうまくいってないと、
願いも叶いづらくなっちゃう。

なぜか?

その相手が誰であれ、
人間関係がうまくいってないと
それだけ敵が増えることになり、
そこで必ず
「エネルギー漏れ」が起こるからです。

人間は、感情の生き物。
非常に理性的な人ですら、
最終的には感情で動いてるの。

「好きな人を応援したい」
「嫌いな人は応援したくない」

たったこれだけ。
これだけの理由で、
人は動いているんです。

であれば、ことはカンタン。
願いを叶えたいなら、
あなた自身が「応援される人」に
なればいいのです。

009

ステージアップの前触れ

トラブルや嫌な出来事っていうのは、
次のステージに行くために起きるのね。
「上のステージ」といったほうが正しいかしら。

「このままでOK、変える必要なし！」というときは、
別にトラブルなんて起こらない。
だから、嫌なことが続いたなら
「あ、何かが違うんだ」ってピンときてほしいのね。

それって宇宙からの
「軌道修正せよ」というサインだから。

つまり、嫌なこともトラブルも
単なるお知らせなので、
それに気づいて軌道修正すればOK。
軌道修正した時点でもう、
次のステージに上がっちゃってるのよ。

その意味では、
その後蘇ってくるネガティブな感情なんて、
これはもう、燃えカスみたいなもの。

すぐに消えてなくなることはないかもしれないけど、
「あ〜燃えカスがくすぶってるわ」
くらいに思っておけばいいの。

人生のステージをどんどん上げていくなかでは、
嫌なことやトラブルだってたまに起こってくる。

でも、それを恐れる必要はないし、
落ち込む必要もなし。
それこそがステージアップの前触れなのだから。

幸運は、不幸の顔をしてやってくる。

嫌なことをステージアップに
つなげることこそ、
人生の醍醐味かもしれないわ。

お金の本質

「自分の才能がわかりません。どうすればわかるのでしょうか?」

そんなご質問をしょっちゅういただきます。

答えを言いましょう。

「問題ありません、自分でわからなくても」

だって、まわりが教えてくれるから。

正しくは、「周囲の反応でわかる」。

ご説明しますね。

自分の才能や能力が活きる仕事をすると、

まず第一に、「人に褒められる」。

そして必ず、「喜ぶ人」が出てきます。

つまり、あなたが仕事をしたとき、

感謝されたり喜ばれたりすることが多ければ、

それはあなたの才能であり、能力。

まわりが教えてくれるっていうのは、そういうことなのね。

だから、自分でわからなくても問題ないの。

私だってそう。自分の才能や能力は、

まわりに教えてもらいました。

というか、まわりの人々の反応を見て気づいた。

星の動きを読むことだって文章を書くことだって、

「これが私の才能よ！」などと

はじめから思っていたわけじゃない。

ただ、あるとき天空図を読んで今後とるべき行動を解説したら、

そこにいた人たちが思いのほか喜んでくれた。

たまたま文章を書いたら多くの人が読んでくださって、

喜びのメールをたくさんいただいた。

それで気づいたのですよ。ああ、これが私の才能なんだなって。

だからね、自分の才能がわからないなどと

右往左往する必要はまったくない。

人々の言葉や態度を通して、

宇宙がちゃーんと教えてくれますから。

「あなたはどういう形で人を幸せにしますか？

それを具体的な形で示してください」

これに対する答えが、仕事。

仕事の本質って、まさにこれなんですよ。

あなたがそれをすることによって喜ぶ人が

誰もいないのであれば、仕事にする意味なし。

ましてや、大きなお金なんて入ってきようがない。

お金に不満や問題がある方はまず、

仕事の本質に立ち返ってみて。

仕事の本質はお金を稼ぐことじゃない、

人を喜ばせることなの。

人生のデッサン

人生をよくしたい、運気アップしたいと思うなら、
よいセルフイメージをもつことが大前提。

セルフイメージが低いのは、
そもそもの設定から間違っているようなもの。
正しい答えが出ないんです。
「なんかうまくいかないなあ、なぜ？ どうして？」
っていうことばかりで。

「私、セルフイメージ低いわ」という自覚のある方は、
何はともあれ、セルフイメージを変えましょう。
再設定、リセットです！

セルフイメージが変われば、マインドが変わる。
知り合う人、身の回りに起こる出来事も
おのずと変化します。
事実、セルフイメージが高い人ほど運がいい！
強運です。どんどん成功していきます。

セルフイメージって結局、デッサンなのよね。
そのデッサンの上にいろんな色を塗って、
人生という一枚の絵ができ上がるわけ。

デッサンがよいと色も塗りやすいし、
あちこち直さなくていい。
作品がきれいに仕上がるでしょ?

人生も同じことです。

012
押したあとは積極的に、待つ

直球だけじゃ恋のゲームが成り立たない。
野球にだってカーブやスライダーがあるように、
恋にもときに駆け引きは必要。
押したら引く、引いたら少し待ってみる……
といった攻防を。

013

もったいないから、手放す

「離婚したいけど、
いい暮らしをさせてもらってるからモッタイナイ」
「会社を辞めたいけど、お給料がいいからモッタイナイ」

そんな理由で決断を迷ってる方、いらっしゃることでしょう。
でも、ご存じかしら?
「モッタイナイものを手放せば手放すほど、
その見返りは大きい」ってこと。

手放して痛くも痒くもないものじゃなくて
「ああ、これがなくなるなんて惜しいなあ……」
というものを、あえて手放す。
すると、それをはるかに超えるものが
向こうからやってくるのですよ!

そもそも手放すってこと自体、
モッタイナイものじゃなきゃ意味がない。
だって、「もったいなくないもの」を手放すなんて、

誰だってできるでしょ?

っていうか、

もったいなくないものって極端な話、ゴミと同じですよ。

ゴミは手放すとはいわない。「処分」ですよ、処分!

今あるものを手放すのが恐い、不安だという人は

「手放す＝失う」と思ってるんじゃないかしら?

いえいえ、そうじゃない。

手放すのは失うことではなく、

もっと大きなものを受け取るための「スペースづくり」。

そのスペースが埋まるまでに多少時間がかかったとしても、

手放した以上のものは必ずやってくる。

なぜって、宇宙には

「空いたスペースを埋めようとする性質」があるから。

モッタイナイものを手放せば

「それ以上にモッタイナイもの」が入ってくるし、

価値あるものを手放せば、

「それ以上に価値あるもの」が返ってくる——

これがエネルギーの法則。

宇宙の仕組みなのよ。

譲れないものは何?

東京から遠く離れたある場所で、かつての上司にバッタリ。

「あ……K専務!?」
「おお〜〜アリちゃん(←私のこと)元気かー。
何してんだ、こんな所で(笑)」
あまりの懐かしさに、目がウルウル……。
現役時代、強持てで有名だったK専務。
目尻が下がって柔和になったそのお顔を見て、
10年という歳月の長さを改めて感じ、
さまざまな思い出が走馬灯のごとく蘇ってきたのでした。

いろんなことを経験したOL時代。
大変なこともあったけど、本当に楽しかったな〜。
でも、当時といまどちらが幸せかと問われれば、
断然いまなんですよ。
それはきっと、自由が手に入ったから。
人生に欠かせないものは、人それぞれ。
安定がほしい人もいれば、刺激が欠かせない人もいる。

「人生の中で、どうしても譲れないものはなんですか?」
そう聞かれたら、あなたはどう答えるかしら?
私の場合、それは「自由」。
会社を辞めたのだって、結局、自由がほしかったからですもの。

あなたの人生で、絶対に欠かせないもの
—— つまり、「MUST HAVE」。
これは、あなたの人生の核であり、何よりも大切なもの。
それを手にしているかどうかで、
幸せの度合いが決まるからです。
自分の「MUST HAVE」がなんなのかを知っている人は、
人生がブレません。
しかもそれは、あなたの天職や運命の出会いに
つながっている可能性が、きわめて高い!

風の時代に切り替わったいま大事なのは、人生において譲れ
ないものを、あなた自身が知っているかどうか。
自分の幸せの原点はなんなのか。
何があればパワーが出るのか、100%自分らしくいられるのか
—— まずは、それを知らなければ。

あなたの「MUST HAVE」はなんですか?

015

引っ越しで夢を叶える

私の友人、A君。
彼は20年前、ITのベンチャー企業を立ち上げたとき、
すぐさま六本木に引っ越した。
IT企業が多く集まるオフィスビルのすぐ近くに。

一流のIT企業がつくり出す「気」に触れることで、
彼も成功を目指したのね。

たった3人でスタートしたA君の会社は、
いまや上場企業。
当時夢に描いた地位を、
彼はしっかりものにしたのです。

もちろん、引っ越しだけで
いまの地位を手にしたわけじゃないけど、
成功の一要因だったことは確か。
A君本人も、
「六本木に住むことでモチベーションを上げた」

と言ってたしね。

どこに住むかは、人生を少なからず左右します。
ゆったり生きたい人と
バリバリ仕事をしたい人とでは住むべき街が違うし、
結婚をして家庭をもちたい人と
芸能界を目指す人とでは、
取り入れるべき「気」が違うのですよ。

大事なのは、
自分の目指す理想の姿に焦点を合わせ、
それに相応しい土地を選ぶこと。

私たちは呼吸によって、
その場の波動をつねに取り込んでいるわけだから、
土地や場所を選ぶのは当然のこと。
それって、身体に入れる空気を選ぶってことですもん。

「こうなりたいな」と思うような人が住んでいる街、
そういう人が多く行き交う街（場所）を選ぶのがポイントよ。

016

五感に響くもの

五感というのは、
視覚・聴覚・嗅覚・味覚・触覚の5つの感覚。
五感はもともと、
生き物が危険を察知するためのセンサー。

生命の危機にかかわるセンサーだから当然、
それがキャッチする情報は
重要度の高いものがほとんど。

五感は賢いから、
必要ないものはキャッチしないの。
不要なものまでキャッチしてたら、
それこそ膨大な量になっちゃうでしょ?

だからこそ、
五感に響いたものはスルーしないで。
貴重なヒントがあるはずだから。

017

プアな人はお金が
「直線で動く」と考え、
リッチな人はお金が
「循環する」ことを知っている

循環させることで増えていくのがお金の基本性質。
入ってきたお金は貯めるだけでなく、
意味あるものに使って。
そうやって活きたお金の使い方ができるようになると、
リッチマインドがぐんぐん育つことに。
スキルアップのための授業料、
人へのプレゼント、寄付も◎。

惑星の「予防接種」

予防接種ってあるでしょ。
先にワクチンを打って、
ウイルスや病原菌に対する免疫をつくっておくっていう。
じつはこれ、惑星にも使えるのですよ。

たとえば、ヤンチャ星の代表格「火星」。
火星って私はけっこう好きなんですが（笑）、
性格がキョーレツなのよ。
天王星や冥王星から
よくないアスペクト（角度）を受けたりすると、
けっこう暴れるしね。

それと、火星が地球に最接近するときも要注意。
火星は約780日（約2年2か月）周期で
地球に接近するんだけど、
その時期は、事故やケガが明らかに増える。
そうでなくても身体に痛みや痒み、
炎症が出たり、発熱したりね。

とはいえコレ、予防が効くのですよ。

ある裏ワザを使えば、未然に防ぐことができるの。

たとえば、鍼灸。

火星は「刺す」というエネルギーをもってるんだけど、

鍼灸治療は文字通り、「ハリ」を使うでしょ?

だから、ハリ治療を受けることは、

火星エネルギーを受け取るも同然。

それによって火星に対する「免疫」ができるから、

火星が地球に最接近しようが不穏なアスペクトをとろうが、

さほど衝撃を受けずにすむというわけ。

それどころか、

火星パワー（＝スピード）を利用することすらできちゃう。

普通なら1か月かかる作業を、

新幹線並みのスピードで終わらせたりね。

ハリ同様、お灸もいいですよ。

お灸は火を使うでしょ?

「火」は火星エネルギーそのものだから、

これまた立派な予防接種になるの。

＊次の火星最接近：2025年1月12日、2027年2月20日

019

日食・月食は新陳代謝

日食と月食に
特別なパワーがあるのをご存じかしら。

日食というのは、新月のパワーアップバージョン。
一方、月食は、満月のパワーアップバージョン。

この2つはセットになっていて
半年スパンでやってくるのですが、
この前後はとにかく、バランスを崩しやすい！
謎の体調不良を訴える人が続出します。

その理由はズバリ、「浄化力」。
日食と月食って、
浄化力が非常に強いんですよ。

浄化をひと言でいうなら、邪気が抜けること。

それまでずっと自分の中にあった邪魔なものが、

自分のエネルギーフィールドから抜け出ていく
……とでも申しましょうか。

いいものであれ悪いものであれ、
それまであったものがなくなると、
一時バランスが崩れるでしょ?

それが体調不良や
気分の落ち込みという形で出るわけね。

私が見てきた限りでは、
メンタル面に出る人と体調面に出る人、半々かな。

いずれにせよ、
この時期にバランスが崩れるのは、
決して悪いことじゃない。

浄化という新陳代謝が
起こっている証拠ですもの。

020

夢 を 現 実 に す る 方 法

ほかの天体と比べると、あまりなじみのない「海王星」。
小学校で習った水金地火木土天海冥……
の中の「海」ですね。

ほかの惑星同様、この海王星も逆行するのですが、
その期間はなんと約5か月！
1年のうち半分近く逆行しているって、
どう考えても長すぎでしょーって思っちゃうのですが、
まあ、もともと動きの遅い惑星なのでこれはしょうがない。

ちなみに、逆行というのは気をつけるだけでなく、
利用することもできるの。

じゃあ海王星の場合はどうか、ですが。
海王星の逆行にはいろいろ意味があるんだけど、
その中のひとつが「夢や理想を取り戻す」ということ。

土星が現実なら、海王星は夢や理想。

この2つ、本来であれば同等のパワーをもっていて
いいはずなんだけど、現実的には、
海王星を隅に追いやって生きてる人が多いのね。
たとえば、小さい頃からアメリカに移住するのが
夢だったとするじゃない。
でも、大人になるにつれ
「絶対無理、第一、ビザが取れないし」などと
現実的に考えてしまい、結局、アメリカ移住を
単なる夢で終わらせてしまったりするわけ。

でも、海王星逆行中はあえて、
こういう「昔思い描いていたこと」を思い出してみて。
そして、何かしら、それに近づくことをしてみる。
現実にする方法を調べたり、探ったりしてみる。
すると、「もしかするとまんざら不可能でもないかも……」
みたいな気づきがあったりするのね。

その後、その方法や具体策を検討し、
逆行が明けてからそれを実行に移す──

そんなふうにすると、あきらめていた夢が、
意外にも現実味を帯びてきたりするのです。

サプライズギフトを
もらうには

チャンスは私たちが予想もしない形で、
しかも、思いもよらないルートからやってくることが多いの。
そもそも自分で予想できるくらいのことだったら、
あえて宇宙の力を借りるまでもないじゃない?

人生って、思いもよらないことが起こるから楽しいわけで。
すべて自分のイメージ通りにいったら、
逆におもしろくないと思うなあ。
「お誕生日プレゼント何がいい?」って聞かれて
その通りのものをもらうより、
頭になかったものをプレゼントされるほうが感動するでしょ?
自分がイメージできることなんて、たかが知れている。
思い通りになるのもうれしいけど、
それってサプライズはないわよね。

とはいえ、宇宙からそういうサプライズギフトを、
受け取れない人がいるのも事実。

宇宙からサプライズギフトがある人と、そうでない人。
その差がどこからくるのかといえば、
それは日頃、宇宙とどれだけ親しくしてるかってこと。

考えてみて。あなたはまったく知らない人に
プレゼントをあげたりするかしら?
普通はしないわよね。
誰かにプレゼントを用意するとしたら、
家族や友人、同僚とか、日頃から親しくしている相手じゃない?

宇宙も同じなのよ。
日頃付き合いのない人にサプライズギフトとか、
ましてやビッグプレゼントなんて用意しない。
宇宙って、そのへんシビアよ。
ある意味、人間よりシビア。
すべての人を平等に扱おうなんて、そもそも思ってないしね。
だからこそ、普段から宇宙と仲良くしておかなくては!

月や星の動きを意識して、
新月・満月、宇宙元旦といった神聖な日に敬意を払う──
そんなふうに宇宙のリズムと同調することではじめて、
目をかけてもらえるのよ。

ハッピーチャンネル開局

「落ち込むことが多くて困っています。
つねにハッピーでいられる方法があったら
教えていただきたいです」（H子さん）

つねにハッピーでいるコツ？ ありますよーもちろん。
つねにハッピーでいたいなら、
自分のチャンネルを「ハッピー」に合わせとけばいいの。
専門チャンネルってあるでしょ？
ゴルフチャンネルとか、時代劇チャンネルとか。
ゴルフチャンネルをかけとけば、
ゴルフに関する情報や番組だけがずーっと流れているっていう。
それと同じように、つねにハッピーでいたいなら
あなたが「シアワセ♪」と感じるものに、
つねにチャンネルを合わせるようにするのです。
ここでいうチャンネルとは、自分の「意識」。
意識ってつまり、情報チャンネルなんですよ。
たとえば、こんな経験ないかしら？
「M彦クン、いいな♡」って思った途端、

M彦クンとしょっちゅう目が合うようになった、みたいな。

たとえば、私の場合。数年前、ある人から
「モリンガがスゴイらしい」っていう話を聞いたのね。
その瞬間、私の脳内にモリンガチャンネルが開局した（笑）。
すると、どんなことが起こるか?
まずその日、モリさんという人から
電話がかかってきて、その晩、旧友に連れていかれた
バーの名前が「モリンバ」（笑）。
薬局に行けば、「私いま、これ飲んでるんですよ」と
モリンガパウダーをすすめられ、
たまたま買った雑誌にモリンガ特集が載っていて、
週末スパに行けばモリンガスムージーが出てくる……
といった具合。
こうしたことはすべて、私が自分の意識を
モリンガに合わせた結果。
こんなふうに、入ってくる情報、出会う人、
身の回りに起こることはすべて
「自分の意識をどのチャンネルに合わせているか」
で決まってくるの。
重要なのは、落ち込みそうになったら
ハッピーチャンネルに切り替えること。
ハッピーなものだけに意識を向ければいいの。

夢 と 執 着

夢と執着の違いを聞かれたことがあります。
たしかにこの2つ、似てはいるけど非なるもの。
それを目標にすることによって成長できるものが「夢」。
逆に、堕ちていくのが「執着」。そういうことです。

夢というのは本来、自分を高め、可能性を広げてくれるもの。
たとえば、「女優になる」という夢があったとするじゃない?
主役を演じている自分や
レッドカーペットを歩く姿をイメージしたとき胸が高鳴り、
「もっともっと自分を磨くわ!」
「ハリウッドでも通用するよう、英語を勉強しよう!」
というようなポジティブな気持ちになって
モチベーションが高まるなら、それはれっきとした夢。
たとえ10年間同じ目標を抱き続けていたとしても、
それによって自分が成長していることを
実感できるならそれは「夢」だし、
手放す必要もないと思うの。恋愛も同じね。
たとえ長らく片思いしてる相手がいたとしても、

それによって自分がどんどんきれいになったり、
心穏やかになれたり、
愛することの幸せを実感できるようなら、
それは決して執着じゃない。でも、
「あんな人が女優になってるのに、なぜ私はなれないの⁉」
「なぜ彼は振り向いてくれないの？　こんなに愛してるのに！」
などというネガティブな思いが心を占領するようになった途端、
それは執着にすり変わってしまう。

つまり、夢と執着との決定的な違いは
「それが手に入らなくても、ポジティブでいられるかどうか」
ここなんです。
それに少しでも近づこうと努力し、行動を変えていく中で
知らず知らずのうちに運が良くなっていくもの——それが、夢。
この場合、万が一その夢が実現しなかったとしても、
違う形の幸せが必ず手に入るはず。
しかも、自分が夢見ていた以上のものが。
なぜって、その夢を追う中で、
その人はどんどん魅力的になっていくから。

ポジティブなオーラをまとったその人のまわりに
たくさんの人が集まり、
いずれ予想を超えたチャンスがやってくるからよ。

日当たりが悪いなら

「私、日当たりの悪い部屋に引っ越したばかりなんです。
今回はほかの条件を優先してしまって……
何か解決策はありますか?」(S香さん)

日当たりが悪い部屋の改善策はあるか、
というご質問ですね。
はい、もちろん!

「光が入ってこないなら、人工的に光をつくる」
これだけです。

日当たりが悪いということは、
東〜東南〜南あたりが弱いわけだから、
その部分をライトで補えばOK。
照明を工夫して、明るい空間をつくってみて。
大きなライトで煌々と照らすのもいいし、
小さめのライトを複数置くのもいいわよね。
クリップライトを使って、

いろいろな角度から光を当てるのもオシャレじゃない?
ただし、白々した蛍光灯ではなく、
オレンジ色の優しい灯りを選ぶこと。

キャンドルのパワーを借りるのもいいですよ。
キャンドルは、
明るさでいったら人工灯よりずっと弱いけれど、
「火」そのものなのでパワーが大きい!
エネルギー的にね。
毎日キャンドルを灯<ruby>灯<rt>とも</rt></ruby>すだけで、
スペースにパワーを与えてくれますよ。
ミツロウやソイキャンドルであれば、
場の浄化にもなって 一石二鳥。

それと、ゴールド系の
ギラギラ(or キラキラ)したものを飾るのも◎。
太陽モチーフの壁掛け時計とかね。

日当たりの悪い部屋に住んでる方はとにかく、
「東から南にかけてのスペースを明るく、華やかに演出する」
これでエネルギーの調整を。

025

幸せは社会貢献

30年来の友人である、S君。
S君はかつて「時代の寵児」と呼ばれた、
知る人ぞ知る経営者。

着手した事業をすべて成功させ、
今はもう
働かなくてもいいような立場にいるんだけど、
そのS君がその昔、こんなことを言ってたっけ。

「給料よくないし上司もイマイチなんだけどさー、
とにかく仕事がおもしろいんだよ。
アイデアがんがん降ってくるし、
やりたいこといっぱいあんの、この業界で！」

当時、まだ20代で会社勤めをしていたS君が
そう言っていたのを聞いて、
ああ、この人本当に幸せなんだな〜って
感動したのね。

そして、私までもが幸せな気分になった。

幸せな人と一緒にいると、
こちらも元気をもらえるでしょ？
幸せな人は怒ったり腹を立てたりすることもなければ、
人に盾ついたりもしない。
幸せな人が一人いるだけで、場の波動が上がるの。
そう、自分が幸せになることは、
最高の社会貢献なのです！

そんな社会貢献をしている人を、
宇宙が見逃すはずもなく。

起業したＳ君はその後、
たちまち業界のトップへと昇りつめ、
まったく違う業界へと転じた今もやはり、
幸せの波動をふりまきながら、
多くの人に元気を与えているらしい。

楽しみながら、愛をふりまきながら、好きな仕事を楽しむ。
まわりの人を幸せにするという、
社会貢献までしながら。
これ以上の幸せ、あるかしら？

026

水星逆行は
タイミング調整

水星の逆行は年に3回、期間としては3週間ほど。
けっこう頻繁よね。

でも、ご存じかしら?
水星はそうやって行きつ戻りつしながら、
じつは私たちのために
タイミング調整をしてくれてるってこと。

たとえば、ときどき耳にする、このアナウンス
「えー、ただいま後続の電車が遅れておりますので
時間調整のため当駅で5分ほど停車いたします」。

水星の逆行って、まさにこれなんですよ。
考えてみて。
水星がひたすら前に進むだけだったら、
タイミングが合わない人は、
一生そのままってことになるじゃない?

そんなことがないよう、ときどき歩みを止めて、
乗り遅れた人たちが追いつく時間をつくってくれている
——それが、水星の逆行。

ということは、日頃
「私、いつもタイミングが悪くて……」
などと感じてる人にとって、
水星逆行は、逆にチャンスだってこと。

以前逃したチャンスを、
ここでキャッチできる可能性ありです。

［Keiko的金言］

027
恋をしたいなら、仕事に全力投球

探していると見つからないのはこの世の常。
「出会いはどこ?」と
探し回っているうちは現れない。
逆に、本気で仕事に打ち込んでいると、
思わぬ人が声をかけてくれたりね。

細胞に
「楽しみ」を教える

金星は、私たちに愛・美・富をもたらしてくれるラッキースター。
というわけでここでは、
金星パワー強化法をお伝えしようかと。
いちばん効果的なのは、金星がサインを変えるたびに
そのテーマに沿った楽しみを味わってみること。
たとえば、金星が射手座に入ったら、射手座が得意とする
アウトドアアクティビティを楽しんでみる。
たとえばキャンプや渓流下り、乗馬。
機会があればパラグライダーなんかもいいと思うな。
そして、金星が山羊座に移動したら、
今度は山羊座的な楽しみに目を向ける。
格式ある神社を参拝したり、
能や歌舞伎といった伝統芸能を鑑賞してみたりね。
こんなふうに、12星座それぞれの金星を体感することこそ、
金星パワーを活性化する方法。
ここでの目的は続けることではなく、
「体験してみる」ということ。

ひとつひとつのサインのエネルギーを

楽しみながら味わうのが目的よ。

金星は1年で12サインをひと巡りするから、

この方法を使えば結果的に

12種類の楽しみを知ることができるというわけ。

この世には、ありとあらゆる楽しみがあって、

それを知ることが豊かさにつながってくる。

豊かじゃない人って、人生の楽しみ方を知らないのよ。

お金がないから楽しめないんじゃない。

楽しみ方を知らないから、お金が寄ってこないだけ。

お金に関して不満がある方は一度、

人生のいろんな楽しみを体験してみては？

これ、無駄なことでもなんでもない。

というのも、「楽しい！」という感覚は

細胞（＝潜在意識）を動かすから。

楽しいという感覚を知った細胞は必ず、

その感覚を「また味わいたい！」と思うの。

そして、それができる現実を引き寄せようとする。

なんせ細胞は数十兆個もあって、そのひとつひとつが

意志をもってるわけだから、そりゃもう、強力ですよー。

楽しみを知った細胞たちは、

私たちが策をめぐらすよりずっと早く、

願う現実を引き寄せてしまうの。

運の3要素

運をよくすることは、まだまだ可能。

誰だって、いつからだって可能です。

ただし、今のままでは無理。
何かを変えなければ。

その「何か」とは、
人・情報・環境の3つ。

・付き合う人を変える

・入ってくる情報を変える

・住む環境を変える

もし3つ全部変えられれば、
運はみるみる変わりますよ。

金脈のありか

収入を上げたいなら、リッチになりたいなら、

あなたと相性のいい仕事、

相性のいい分野を選んでください。

そう、「金脈がある場所」を掘るのです!

くれぐれも金脈のないところを

掘り続けないでくださいね〜。

時間と労力の浪費ですから。

金脈——

これ、後天的なものでは決してありません。

こればっかりは、生まれつきなの。

あなたとお母様がヘソの緒でつながっていたように、

あなたと金脈は「月星座」でつながってる。

胎児がヘソの緒を通して栄養分を吸収するように、

私たちは自分の月星座を通して、

宇宙のエネルギー（＝栄養分）を受け取ってるんです。

その養分の中にはもちろん、「お金」も含まれる。

だからこそ、月星座が大事。

月星座って、あなたと宇宙をつなぐヘソの緒なのね。

031

完璧を待たない

「準備が完璧にならないと始められない」
そう思ってないかしら?

資格を取ってからじゃないと人に教えられない。
方向性が決まらないとブログが書けない。
痩せてからじゃないと彼のお誘いを受けられない……etc.

でもね、完璧になってからじゃ遅い!
完璧になる前に、GOすべきです。

だって、完璧になる日なんて
永遠にやってこないもん。

何かをスタートさせるときは、
見切り発車でいいんです。
少なくとも、私はいつもそう。

準備なんかできてなくたって構わない。

思いついた時点で、さっさとアクションを起こす。
実際やっちゃったほうが早いですよ。

物事ってね、あなたが考えてるより難しくない。
やった者勝ちですよ。

そもそも準備ができてなくたって、
受け入れてくれる人はけっこういるもの。
無鉄砲はよくないけど、
ある程度の下地があるなら
とっとと始めちゃいましょうよ。

誰ですか?
もうちょっと実力つけてから……
なんて言ってるのは。

実力はね、
体験の中でつけていくもの。

机上で得られるものは、知識だけです。

第3の選択肢

AかBか、YESかNOかの決断を迫られたとき。
決められるならいいけど、
どうにも答えが出ないときってあるでしょ?

この場合、必ずしも、決める必要はないと思うの。
あえて答を出さないというのも、ひとつの方法。
自分で決めるのではなく、流れに任せる。
宇宙に判定を仰ぐの。

即決しなければならないときは別として
ある程度時間の猶予があるなら、
この方法も悪くありません。

ただし、身の回りに起こることをよく観察すること。
というのも、宇宙がいろんな形でサインを送ってくるから。
起こることを観察していると、
ひとつの方向に流れていることに気づくはず。
おのずと答がわかってきますよ。

033

外堀から埋まる

不思議なことに、ソウルメイトの2人が出会うと、

家族のほうが乗り気になる場合がものすごーく多い。

本人たちの意志云々（うんぬん）はさておき、

外堀が先に埋まってしまうの。

「彼は私のことをとくに意識していなかったらしいのですが、

ご両親がなぜか私との結婚を強くすすめ、

それで結婚を意識し始めたようです」

……とまあ、こんな具合。

多くの方のご報告を聞いてつくづく感じるのは、

相手がソウルメイトかどうかは

「家族の反応」を見ればてきめんにわかるってこと。

家族に紹介できないようなら

その時点でもはやソウルメイトではないし、

本人と会ってみてご家族が眉をひそめるようなら、

恋人どまりと考えるべき。

ソウルメイトって、

お互いの家族に自然に溶け込んでしまうの。

そう、まるで前世でファミリーだったかのように。

くよくよしがちなあなたへ

「些細なことだとわかってるのに気にしてしまう」
「堂々巡りをしていて、今の状況から抜け出せない」
こういうお悩みをよくいただきます。
結論からいうと、こういうのはすべて、
「陰」のエネルギーが多すぎる。
なので、「陽」のエネルギーを意識して
取り入れないといけないのね。
この世はすべて陰と陽のバランスで成り立っていて、
そのうち陽は、物事を変える力。
外に向かってエネルギーを拡大・拡散していく力ね。
いっぽう陰は、状態をキープする力。
変化を起こすのが苦手で、
内へ内へと向かっていく性質があるの。
変化を起こす陽と、状態を保つ陰。
私たちの中で、
この2つがちょうどいいバランスを保っているのが理想。
とはいえ実際のところ、「陰過多」の人がすごく多いの。
陰は状態をキープするのが得意だけに、

それが裏目に出るとどうしても、堂々巡りになっちゃう。

同じことをクヨクヨ考える、落ち込んで抜け出せない

……ということになるのね。

心のキャパが小さいというのも、結局は同じ。

陰のエネルギーは内へ内へと向かうから、

どうしたってキャパは小さくなるのよ。

というわけで、上記のような自覚がある方は、

陽のエネルギーを積極的に取り入れてみて。

陽のエネルギーの代表格は、文字通り「太陽」。

朝早く起きて朝日を浴びたり、

天気のいい日は外でランチを食べたり、

余裕があれば南の島に行ってみたり……

要するに、日光浴をすればOK。

もうひとつ、家でキャンドルを焚くのもよい方法。

キャンドルがいいのは、

炎＝陽のエネルギーであることに加え、

潜在意識に働きかけるといわれる、その独自の揺らぎ。

キャンドルの炎を見つめていると、

不思議と心が落ち着いてくるでしょ？

これが、炎のもつ「f分の1揺らぎ」の効果。

f分の1揺らぎは私たちの心を安定させると同時に、

心の奥底に巣くっている陰のエネルギーをも

解放してくれるのよ。

雨降って「絆」深まる

相手がソウルメイトであれば、執着は生じない。

ソウルメイトって、
「一緒にいるのが当たり前」みたいな感覚。
ずっと一緒にいることが決まっているから、
不安にならないの。
離す・離さないのレベルじゃないっていうか。

宿命で決まっているものには、
焦りや不安の生じる余地がないのです。

とはいえ、トラブルとは無縁、というわけでもない。
ソウルメイトとはいえ、ときどき誤解やトラブルはあります。
それでも、その結果、なぜかよい方向に進んでしまう。
2人の絆が深まってしまうの。
そう、雨降って「絆」深まる。

宇宙公認のカップルは、

お互い強力な磁石を内蔵してるから、
多少のゴタゴタなんてどうってことないんです。

逆に、普通の（とくにご縁のない）相手だとこうはいかない。
トラブルがあると亀裂が深まります。

ホンモノなら「絆」が深まり、ニセモノなら「亀裂」が深まる。
その差たるや、歴然。

相手がソウルメイトかどうかは、
トラブルがあったときにこそわかるのです。

［Keiko的金言］

036
マニュアルは不要。右脳で恋する人になる

世に恋愛マニュアルはいろいろあれど、
意中の人にそれが通用するとは限らない。
予測できないのが人の心。
使うべきは、理屈ではなくハートと感性。
まずは出会った奇跡を楽しむことよ。

レシートの数字

先日、R子さんと打ち合わせをしていたときのこと。

R子：「私、昔、長らくタバコ吸ってたんですよぉ。
やめたいとずっと思ってたんだけど、なかなかやめられなくて。
それが、数年前にあるおもしろいことがあって。
それから、ピタッとやめられたんです」
Keiko：「え〜ナニナニ、オモシロイことって??」
R子：「以前ある先生のセミナーに参加したいと思ったんです
けど、その先生ってタバコ大っ嫌いで、基本的に、喫煙者は
参加不可なんですね。でも、バレなきゃいいだろうって思って、
コンビにタバコ買いに行ったら、レジの料金が931円。
あ、くさい（931）って言われてる！
やっぱりやめよ、今日は吸わないゾ！って思ったんです。
そしてお店を出たら、目の前におっきく『プロミス』って。
あああ、約束だ。これは自分自身との約束なんだ。
いまやめなきゃどうする自分！って。
そのときからです、吸ってないのは」

茶目っ気たっぷりのメッセージもさることながら、
それをツーカーで受け取ったR子さんもすごい。
だって、「931円＝クサイ」って、けっこう難易度高くない？

でもね。どれだけ難易度が高くたって、
ピンとくるときはピンとくる。
たとえ1000人中999人がわからなくても、
その人にだけはわかるんです。
宇宙が何を言いたいのか、
自分に何を伝えようとしているのかが。

じつは、こういう自分にしかわからないサインが
立て続けに降りてくるときは、重要な出会いや出来事が間近
に迫っている可能性大。
実際、R子さんもそのセミナーで出会ってるんです、
ソウルメイトに。

考えてみると、もしR子さんがタバコを吸ってセミナー受講資格
を剥奪されていたら、愛するご主人には出会えてなかったわけ。
そう考えると、宇宙のサインって……やっぱりすごくない？

優先すべきもの

もっと収入がほしいのであれば
「お金を目的にしない」。
この点を肝に銘じてください。

いろいろ聞いていると、
お金がないという人ほど、
お給料のよい会社を探しているの。
「いくらもらえるか」に意識がいっているのね。

でもね、大事なことを申し上げましょう。
豊かさとお給料は「無関係」。
もちろん、月給30万と月給40万を比べたら、
40万のほうがいいでしょう。
ただ、問題は中身。
いくらもらえるかより優先させなきゃいけないのは、
「自分の才能や資質を表現できる仕事であるかどうか」。
これです。
もし月給30万円のほうが

「私の才能（能力）を発揮できる」と思うのであれば、
迷わずそちらを選ぶべき。

この点をスルーしているかぎり、
何をやろうが何度転職しようが、お金はそんなに増えません。
何年経っても現状と似たりよったりでしょう。

仕事は「表現手段」。
お金を得るための手段ではなく、
あなたのセンスや才能を表現する手段なの。

本気でリッチになりたいならまず、この意識をもたなければ。
そう、マインドを切り替える！
センスや才能を「愛」と置き換えてもいいでしょう。

これ、きれいごとを言ってるわけじゃありません。
事実、これを基準に仕事を選ぶと、
あなたのエネルギーはどんどん大きくなっていくのです！
と同時に、
あなたという人の価値が徐々に上がっていって、
すると必ず、あなたに注目する人が現れる。
そして、いずれ大きな報酬が与えられるの。
価値あるものを、世間は見逃さないのです。

039

宿題後のご褒美

「子連れで離婚した場合でも、ソウルメイトに出会えますか?」
というご質問にお答えしましょう。

相手がソウルメイトであるかぎり、
離婚も子どももまったく障害にはなりません。

ソウルメイトに出会うタイミングとして多いのが
「あるカルマを乗り越えた後」なのですが、
じつは、そのカルマの代表格が「離婚」。
これは、離婚というつらい学びを通して人は成長し、
カルマを昇華していくから。

ソウルメイトというのはある意味、
宿題(=カルマ)を終えた後の「ご褒美」。
だから、離婚を経験した人のほうがむしろ、
ソウルメイトに出会いやすい。

まがりなりにも、カルマに取り組んだのだから。

64

040

プアな人は
「モノ」にお金を使い、
リッチな人は
「体験」にお金を使う

活きたお金の使い方の中で最もおすすめなのが、
実際体験してみること。
ネットで知った小手先の知識と、
体験で会得した知識とでは、
深みにおいて雲泥の差！
実体験で細胞レベルに刻み込まれた記憶は
リッチマインドを創り上げ、やがてお金を生み出すことに。

041

最後の手段

「死ぬほどショッキングな出来事」というのは
いってみれば、宇宙による究極の荒療治。
まあちょっと荒っぽいけど、
これがいちばん早いからやっちゃえ！っていうね。

たとえば宇宙が、
あなたとソウルメイトとの出会いを
今年の夏に設定していたとするじゃない？

ところが、あなたはいま、まったく違う人にくびったけ。
あろうことか、その相手をソウルメイトだと信じてる。
このままだと、予定通り夏にソウルメイトと
出会わせたとしても、
その人がソウルメイトとは気づくまい。
おそらく、目にも入らないだろう。
うーん……なんとか手を打たねば。
こうなったらもう、有無をいわせず別れさせるしかないな。
ええ〜〜〜い！

……とまあこんな感じで、宇宙はやむを得ず、
荒療治に出るわけ。
もちろん、あなたのためを思ってね。

ショッキングな出来事のあとに
ソウルメイトと出会うケースが多いのは、
それが「最後の手段」だから。

ショッキングな出来事はなにも、
別れや失恋とは限らない。
事故、病気、失業……その表れ方はさまざま。

いずれにせよ、
「いまのままだと
運命の出会いをつくることができないから、
荒っぽいけどむりやり状況を変えるしかないな」
っていう、宇宙なりの配慮なのね。

042

ダイエットより大切なこと

「あ〜、このぜい肉とりたい！」
「痩せなきゃ！」
が口癖になってる方、
いらっしゃいませんか？

そんな方はぜひ、覚えておいて。
本当に大切なのは、脂肪を減らすことじゃない。
脂肪やぜい肉以上に取り除きたいもの──
それは、「自分本来のエネルギーでないもの」。

私がこれまで見てきたなかでは、
自分のものじゃないエネルギーを
7キロ分くらいしょってる人がいましたっけ。

これじゃあ、
自分本来の力なんて、出るわけがない！
自分自身のエネルギーが、
封じ込められているわけだから。

運をよくしたいなら、まずは「浄化」。
減量よりダイエットより、浄化です。
あなたのものでないエネルギーを取り払って
あなた本来のエネルギーだけで満たせば、
脂肪なんて自然に落ちていきますよ。

何よりも、運がよくなる!

ホースに石ころが詰まっていたら、
水は出ないでしょ?
でも、石ころを取り除いたら?
そう。それだけで、水が勢いよく出てくるわよね。

エネルギーだって同じこと。

まずは、要らないものを取り除いて、
自分本来のエネルギーに勢いを与える。

浄化は、
運に愛される体質づくりの基本です。

043

「運がない」のは本当?

「私、○○運が悪くて……」
そんなふうに言う人がいるけれど、本当にそうかしら?

私としてはこの言い方、正しくないと思うのね。
「仕事運がない」というのは、運がないんじゃない。
自分に相応しいことをやっていないというだけ。
「男運がない」のもそう。
運が悪いんじゃなくて、
自分に相応しくない人ばかり追いかけてるのよ。

「運がいい＝自分に相応しいことをしている」
「運が悪い＝自分に相応しくないことばかりやっている」
つまり、そういうこと。

覚えておいてほしいのは、
思い通りにいかないからといって、
あなたが否定されてるわけじゃないってこと。
それは、宇宙からみて、あなたのベクトルが

「しかるべき方向に向いていない」というだけ。

そんなものをそのまま進めるのって、

無意味だと思わない?

であれば、こんなことを意識してみて。

・エネルギーを注ぐ対象を変える

・選択の視点を変えてみる

・まったく違うアプローチをしてみる

・(常識や世間体ではなく)自分の感覚を信頼・尊重する

こういった意識の転換で、運はいくらでも変わりますよ。

────────── ［Keiko的金言］ ──────────

044

出会いがほしいなら"寝場所"を変える

寝ている間に育つのは子どもだけじゃない。
運もまた、あなたが寝ている間に育つのですよ!
重要なのは「どこで寝るか」。
引っ越しをして寝る土地から変えるのが、
出会いを呼ぶ最善策。

045

人生を安定させたいなら

感情を変えると、現実が変わります。

人って結局、感情なんですよ。感情の生き物。
思考は現実をつくるけれど、感情は行動を決める。

人生は行動の結果だから、
よい人生を送りたかったら、
つねにいい感情でいることが大事なのね。
さらに、その状態を「キープする」。

私は物心ついたときから波動が見えるのですが、
感情が不安定な人って、波動にトゲがあるんですよ。
ギザギザになってる。

なかには有刺鉄線みたいになってる人もいるけれど、
こういう波動に、運は決して寄りつきません。
というか、寄りつけない。
運だって、トゲは嫌いですもの。

じゃあ、感情を安定させるにはどうしたらいいか?

答えは「愛」。

愛しかありません。

恋をすると、すべてがバラ色に見えるでしょ?

愛する人のそばにいると、心が安定するでしょ?

恋愛がうまくいっていると、怒りなんて感じないでしょ?

それはそこに、愛があるから。

自分自身が

愛のエネルギーで溢れかえっているからなの。

好きな人がいようがいまいが、

つねにこういう状態でいられれば、

幸運は向こうからやってくる。

感情の安定＝人生の安定なのです。

046

シンクロの正体

あなたのまわりにいませんか?
老若男女はおろか、犬や猫まで寄ってくる方（笑）。
そういう方はたいてい、愛に満ち溢れてる人。
愛の絶対量が多いのね。

動物は私たちよりずっとエネルギーに敏感なので
相手に「愛があるかどうか」を瞬時に見抜いちゃう。
動物って、愛のない者には近づかないのよ。

動物たちにとって
「愛なきもの」に近づくのは死活問題。
だって、いつ襲いかかられるかわからないでしょ?
動物の中でも犬、猫、馬といった哺乳類はとりわけ、
人のエネルギーに敏感。
こういう動物たちが向こうから寄ってくるようなら
その人は愛に満ちた人なんじゃないかしら。

そしてもうひとつ。

シンクロがバンバン起こる人も、
愛の絶対量が多いという証拠。
というのも、
愛の絶対量が多ければ多いほど、
宇宙と一体化してくるから。

そのため望んでいることがすぐさま宇宙に伝わり、
優先的にお膳立てしてもらえる……というわけなの。

「あなたの意図と宇宙の意図が合致した状態」——
これが、シンクロの正体。

運をよくするのは難しいと
思ってる人が多いようだけど、
とんでもない！
運はきわめてシンプル。
愛の絶対量を増やす—— 究極、これだけ。

いるだけで愛を放つ人になれば、
運のほうがあなたに合わせてくれるの。

047

月はマルチビタミン

「今年は12年に1度のラッキーイヤーのはずなのに、
いいこともチャンスもありません。
なぜなのでしょうか?」(S子さん)

ラッキーイヤーなのにチャンスがこない──
それは春になっても花が咲かない、
秋になっても紅葉しないのと同じこと。
何かが足りていないと考えるべきでしょう。
もし春になっても花が咲かなかったら、
どういうことが考えられるかしら?
気温が低すぎた、太陽の光が足りなかった、
水が足りなかった、土に養分がなかった……
原因として考えられるのはたぶん、そのあたりよね。
気温、光、水、土……これらはすべて、惑星の力。
そして、これがそのまま人間にも当てはまる!
人間がもっている力
(知力、体力、意志力、判断力……etc.)
というのはつまるところ、惑星に帰結するのですよ。

理想は、私たちを取り巻く10天体をすべて使いこなすこと。

でも、そんな人はめったにいなくて、

実際には得意不得意がある。

筋肉と同じで、使い慣れている惑星と、

まったく使ってない惑星があるのね。

惑星ってつまり、エネルギー上の筋肉なのよ。

そして、チャンスがあってしかるべき環境なのに

何もないというのであれば、

それは、「使えていない惑星が多い」ってこと。

であれば、

惑星パワーを意識して取り入れる必要があるわね。

惑星パワーを取り込む方法は、惑星によってさまざま。

とはいえ、どの惑星にも効くオールマイティーな方法があるの。

それは「毎月の新月・満月を使う」という方法。

というのも、惑星のエネルギーはすべて、

月を通して私たちのもとに届くから。

そう、月ってマルチビタミンみたいなものなの。

新月・満月は月のパワーが

最高潮に達するタイミングだけに

私たちに対する働きかけも強力！

惑星エネルギーをまとめて受け取れる、

絶好のチャンスなのね。

048

最大の愛は「許し」

先日、私を裏切ったその人から
電話がかかってきました。
別にどうってことない用件。
仕事の連絡事項があって、
その後、近況報告とかジョークの応酬(笑)。

私自身驚いたのは、その人と話しているとき、
怒りとか憎しみとか、まったく湧いてこなかったこと。
本当にいつも通り、楽しくおしゃべりして
そして、また近いうちに会おうねっていう
話をしたのです。

なぜ今までウソをついていたのか、
なぜ裏切ったのか。
そんなことどうでもよかったし、
聞こうとも思わなかった。

ただ、「裏切られたからって、別に気にしないわ」

そう思ったんです、ごく自然に。

その瞬間、私はすべて理解できた。
自分を裏切った相手を愛せるか、
自分に苦しみを与えた相手を許せるか。
宇宙はそれを試したんだ、と――。

そういえば、私は常々、こんなふうに思っていたの。
「自分の親を殺した相手を許せるようになったら、
その人の愛は本物」

今回の出来事は、つまりそういうこと。
自分が傷ついたとか、
ズタズタになったとか、そんなことはどうでもいい。
傷なんて、時間が経てば癒えるのだから。

そんなことより、人を信じられる人間でありたい。

真実や理由を問いただすことより、
信じることのほうがずっと尊い。
心からそう思うのです。

049

地図より正確

先日、道に迷ったときのこと。
道が四方に延びてて、
どっちに行ったらいいか、見当がつかない。

そこで宇宙に
「どの道を行けばいいのかしら?」
と尋ねたところ、
後ろから突然ネコがやってきて、
左に折れた。
だから私も、
「ああ、左に行くのね、サンキュー」って。

しばらく進むとまたどっちに行ったらいいか
わかんなくなったので、
「今度はどっち??」って聞くと、
斜め前方にいたクルマが「ブッブッブーー!!」って
クラクションを鳴らすじゃない。
だから「ああ、あっちね、ありがと」って。

地図で見ると、

その道を行くのはなんか違う気もしたんだけど、

こういう場合、

宇宙のサインに従ったほうがいいことは

経験上わかってる。

なので、サインの通りに動いたのね。

もちろんちゃーんと着きましたよ、目的地に。

お店の人に聞いてみたところ、

地図に載ってたのは

古い店舗のほうだったことが判明。

やっぱり宇宙のサインのほうが正しかったわけ。

こうしてみると宇宙のサインってほんと、頼りになるのよねー。

道順みたいな超簡単なことから

人間関係、仕事、進路といった人生を変えるような決断まで、

およそ何にでも答えてくれる。

真面目なことには答えるけどふざけた質問には答えない……

なーんてことも一切ないから、

なんでも気軽に聞いちゃえばいいの。

050

心のキャパ

キャパシティは広いほうがいい。
物理的なキャパシティもそうだけど、
それ以上に精神的、感情的なキャパ——
こちらのほうが、ずっと大事。

心のキャパが広がって何がいいかといえば、
なんといってもチャンスが増えること。
というのも、運、チャンス、ご縁といったものはすべて
その人の「器（＝キャパ）の大きさ」に比例するから。

器が小さければちっぽけな運しかやってこないし、
逆に、大きい器をもっていれば、
運もチャンスもご縁もこれでもか！ってくらい雪崩れこんでくる。
心のキャパってつまり、運を受け取る器なのですよ。

ちなみに、仕事のキャパは経験、
練習といった努力で広げることができるけれど、
心のキャパ、精神的なキャパは、努力とは無関係。

心やメンタルのキャパを広げるには
「宇宙に守られてる」という自信——
これがいちばん効果的なんじゃないかしら。

つねに宇宙のサインをキャッチし、
必要とあらば宇宙に問いを出し、その答えをまたキャッチする。
そんなことがごく自然にできるようになると、
宇宙がいかに身近な存在で、
自分がどれだけ守られているかがわかるはず。
その時点でもう、腹が立つとか、
嫌なことなんてほとんど起こらなくなっちゃうの。

宇宙が味方してくれてるって思えば、
どんなことがあったってべつに怒りなんて感じない。
焦りもないしね。
「私には宇宙がついてるもーん」って。
その感覚こそが、心のキャパが無限に広がった状態。

そうなるためにはまず、宇宙と足並みをそろえること。
具体的には、月や星のリズムを知って過ごすこと。
あなた自身が宇宙の一部になり、
月や星たちの仲間になればいいのよ。

051

青写真のリニューアル

私たちがこの世に生まれる前に描いた
人生の見取り図——それが、「魂の青写真」。

これを運命と呼ぶ人もいるのかもしれないけれど、
とはいえこれは、そこまで絶対的なものじゃない。

それどころか、毎年、
あるタイミングで書き換わるのですよ！

そのタイミングとは、
自分の月星座で新月が起こるとき。
もしあなたの月星座が蟹座なら、蟹座新月の頃。
あなたの月星座が獅子座なら獅子座新月の頃が、
青写真の書き換えが起こるタイミング。

「マイ月星座の新月＝魂のリニューアル期」と
考えていただければよろしいかと。

この頃（1か月くらい）は、
あなたが今後やるべきことが凝縮されてやってくる。
これからのテーマや取り組むべきことを、
宇宙が提示してくることになってるの。

それをこなしていく中で必要な人に出会い、
必要な感情を味わい、
必要な知識やスキルを吸収する。
そうやってその都度青写真がバージョンアップ、
書き換えられていくのね。

そうでなくてもこの頃は、
宇宙からなんらかの気づきが与えられるとき。
これは「そういう人もいる」という話ではなくて、
すべての人に当てはまること。
宇宙法則と言ってもいいレベルの話なのね。

マイ月星座の新月前後に起きることは、
その後1年を左右するキーポイント。
この時期に出会った人、起こったこと、
ふとひらめいたことやインスピレーション、シンクロ……etc.
こうしたことは、ぜひメモを。

052

変容は水面下で起こる

「なぜ私にはいいことが起きないの?」
そんなふうに思ってる方、
きっといらっしゃるんじゃないかしら。

まず知っておいていただきたいのは、
変化には「外的変化」と「内的変化」があるってこと。
外的変化というのは、つまり「出来事」。
試験に受かった、憧れの仕事に就けた、
ステキな出会いがあった……そういうことよね。
こういう「出来事」は、私たちにとって超わかりやすい。
具体的だし、目に見えるからね。
すでに準備が整っている人の場合、
こういう変化がビシバシ起こります。

でも、変化にはもうひとつあるの。それが「内的変化」。
たとえば、あまり怒らなくなってきたとか、
落ち込む度合いが小さくなってきたとか、
前より好奇心が出てきたとか。

こんなふうに、形にはならないけれど、
心の在り様が少しずつ変わってくることも、
立派な変化なのね。

こうしたことって、
じつはものすごく大きな変化であるにもかかわらず、
残念ながら、本人はあまり気づかないことが多いの。
なぜって、出来事じゃないから。
とくに、自分に厳しい方やネガティブ思考の方は、
こういう変化に気づかない傾向があるんじゃないかしら。
私たちはともすると、目に見える変化だけを変化と思いがち。
でも、エネルギー的にみれば、内的変化こそが変化なのですよ。

だって、人生で起こることは、
自分の内面が現象化したものだもの。
内面が変われば寄ってくる人の質が変わるし、
チャンスや身の回りに起こる出来事はもちろん、
トラブルの質すらも変わってくる。
内的変化は、
出来事ではないが故に気づきにくいけれど、
でも、それはやがて、大きな変容を巻き起こすのです。
焦る必要はありません。

053

人生はゲーム

物事を思い通りにするコツは「サラリと」「サクッと」。
とかく人は、深刻になりすぎる。
叶えたいことがあると、力が入っちゃう人が多いのね。
この世は「陰陽の法則」で成り立っている。
月と太陽、昼と夜、裏と表、善と悪……
すべてにおいて「陰」と「陽」があるの。
そして、一方のエネルギーが強くなりすぎると、
反対側のエネルギーが発動する——
ということは、何かを叶えようと力めば力むほど、
それを阻止する力が生じるのですよ。
これは、本人の意思に関係ない。自動的にそうなるの。
力みすぎると思いが叶いにくいのは、ある意味、当然のこと。

それを阻止するエネルギーを、
自らつくってしまっているわけだから。
ものすごーく力んで、
つまり頑張って（＝陽）願いが叶うこともあるけれど、
その場合、陰のエネルギーが違う形で

表面化することが多いのね。たとえば、体調不良。

ストレスとか体調不良のほとんどは、

陰エネルギーが蓄積した結果なのです。

人生はゲームですよ、ゲーム。

眉間にシワ寄せてやるものじゃない。楽しんだもの勝ちです。

そもそも宇宙は、軽い波動にしか同調できない。

さほど頑張ってないのに

なんでも思い通りになっちゃう人って、

軽い波動を発してるんですよ。

仕事でもなんでも楽しんで軽い波動を発してるから、

それと同じ波動を持つ宇宙と同調し、

自然にサポートが入るのね。

これは、「同じ波動のものは引き合う」という

宇宙の法則によるもの。

重〜い波動を出してると、

どんなに頑張ったって宇宙のサポートは得られない。

だって、波動の階層が違うから。

宇宙を味方につけたいならまず、

あなた自身が宇宙と同じ波動を身につけないと。

そのためには、深刻になりすぎないこと。

真剣はいいけれど、深刻はＮＧ。

どんなことも、サラリと、サクッと、楽しみながら。

それが、運を引き寄せるコツよ。

054

「使い始め」で決まるもの

お財布はとにかく、使い始める日が大事。
さらに、
それに相応しい日が極めて限られている。
1年の中で4日――
そう、たった4回しかないのですよ!
具体的には、以下の4回。

・牡牛座新月の日（毎年4月下旬〜5月下旬）
・蠍座満月の日（同上）
・牡牛座満月の日（毎年10月下旬〜11月下旬）
・蠍座新月（同上）

この4回のどれを選んでもOK。

ポイントは、使い始める日、
お財布の中に1万円札を入れること。
10枚も20枚も入れる必要はなくて、
普段入れている枚数で十分ですよ。

この4回は、宇宙から
「富と豊かさ」のエネルギーが降り注ぐタイミング。
リッチになりたい方にとっては
絶対に外せない4回だから、
お財布新調の予定がない方も、
この日だけはちょっとしたアクションを起こしたほうがいいわね。
具体的に何をすればいいかというと……
ズバリ、「寄付」。

宇宙には「出せば入ってくる」という法則があって、
なかでもお金は、その典型！

とくに牡牛座、蠍座という
「マネーサイン」の新月・満月で
お金を出す（＝寄付をする）と、
その後入ってくる額が大きくなる！
これぞ、宇宙エネルギーの賢い利用法。
ぜひお試しあれ。

055

土地のパワーを利用する

私が引っ越す理由は、たったひとつ。
それは、「流れに勢いをつけるため」。
新しい流れがきているなと感じたとき、
それに相応しい場所に引っ越す。
土地のパワーを借りて、その流れに勢いを与えるのね。

新しい流れを察知したときって、
環境がすでに整っていることが多いから、
物件もわりとすんなり見つかることがほとんど。
前回なんて12月初旬に引っ越そうと決め、
中旬に契約、1か月後に引っ越ししてましたもん。

地球という星は、時間軸と空間軸でできています。
時間軸というのは「タイミング」。
空間軸というのは「場所」。
運のよしあしは結局、この2つの掛け合わせ。
時間軸と空間軸を制することで、
最強の運をつくることができるの。

このうちタイミングに関してはやはり、
天体の動きに合わせるのがいちばん。
いつ、どういう動きをしたらいいかということは
星たちがちゃーんと教えてくれるからね。

あとは、土地（場所）のパワー。
土地というのはそれこそ何万年、何億年という歳月をかけて、
そのエネルギーをつくり上げているわけで、
そのパワーたるや、はかり知れないものがある。
人間なんて、どうしたって太刀打ちできません。
逆にいえば、「土地のパワーを借りれば
自分のパワーを何倍にもできる」ってこと。

そう、自分にパワーがないと感じたときや、
もっと力が欲しい、勢いをつけたいと思ったときは
土地のパワーを借りればいいのです！

ポイントはまず、波動のいい土地を選ぶこと。
そのうえで、「自分が望むものに相応しい街」を選ぶこと。
2つとも、その街に住む人、
行きかう人を見れば判断できますよ。

056

火星が
歪んだ形で出ると

知人のＩ氏と話していたときのこと。

Ｉ氏：「とにかくボク、事故とかケガが

やたらと多いんですよー。骨折なんか、そうだなあ……

10回くらいやってますよ」

Ｋ子：「えっ？　じゅ、じゅっかい？　ウソでしょ??」

その後もＩ氏の話を聞いていくと、こんなことが判明

・運転中にぶつけられたり、追突されることが多い

・道を歩いているとしょっちゅう人にぶつかる

・知らない人からいちゃもんをつけられることがよくある

……ああ、なんとまあ、キズだらけの人生（泣）。

ご本人はいたって温和な方なのですが、

なぜかいろんなトラブルが降りかかってくるって、

いったいどういうことなのかというと……

これはもう100％、火星の仕業。

そこで、「何かスポーツやってみたら？

ジムに通うだけでも事故はずいぶん減ると思うよ」と言うと、

「あ、じつはボク、いま毎日ジムに通ってるんですよ。
そう言われてみれば……うん、ジム通い始めてから
衝突とかケガとか、ないっすね。いや、本当に」。
ジム通いをしたら事故やケガがなくなった――
なぜだかわかる?
事故、衝突、ケガ、ケンカ……これらはすべて、
火星のエネルギーが歪んだ形で出てしまった結果。
「あなた、火星の力をちゃんと使ってませんよ〜」という、
宇宙からのお知らせなのね。
この場合、火星の力を建設的な形で使うようにすれば、
トラブルは自然になくなってしまうの。
火星の力を正しく使ういちばん簡単な方法は、
なんといってもスポーツ。
もうひとつは、お料理。
「え? 料理が火星?」と意外に思った方も
いらっしゃるかしら。
料理そのものは、どちらかというと月的アクション。
でも、「包丁で切る」という行為は火星そのもの。
肉を切り分けたり魚をさばいたり、
キャベツを千切りにしたりすると、
火星パワーを使っていることになるのですよ!
I氏にももちろんアドバイスしましたよ。
「毎日千切りキャベツ作ってね」って(笑)。

057

宇宙の仕組み

仕事は人からもたらされます。
仕事ってじつは、人間関係なんですよ。
人間関係の縮図。

仕事がうまくいかないという人は、本当は仕事じゃない。
人間関係なの、うまくいってないのは。
いつもお金がない、収入が少ないという人は、
他者に与えるエネルギー（愛と誠意）がまだ少ないのです。

人に与えるエネルギーが大きければ大きいほど、
そして、そこに愛があればあるほど、
お金はふんだんに入ってきます。
お金は人を幸せにした対価だから。

仕事がうまくいかない、
いい仕事が見つからないというのなら、
まずは人間関係を大事にしてください。
人を好き嫌いで判断せず、誰に対しても心を開き、

受け入れ、愛と思いやりをもって接する。
これができるようになると、エネルギーは必ず変化します。
そうやって自分の波動が上がっていくと、
その波動に相応しいところから声がかかるようになる。

波動が上がると、こちらが動かなくても、
必要なものが向こうからやってくる――
それが宇宙の仕組みなのです。

お金に関するご質問を山ほどいただくのですが、
収入に不満がある方も、基本は同じ。
人間関係を見直してください。

努力やスキルは二の次で結構。
まわりの人たちに、誠意をもって接しているかどうか。
好き嫌いでジャッジしていないかどうか。
愛を与えているかどうか。
すべてはここから始まります。

一見、遠回りのようで、じつはこれが、いちばんの近道。
人生はすべて、人間関係ですもの。
愛を与えて変わらないものなど、
この世に何ひとつありません。

058

土星を味方につける

うまく使えてないとトラブルの種になる惑星が、
火星のほかにもうひとつ。
それは、「土星」。

土星エネルギーをきちんと使えてないと
まず起こってくるのが、「生活が安定しない」という状況。
仕事もしないでフラフラしてるなんていうのは、
土星を使えていない典型的な例。

そして、もうひとつ。
自分の土星力が足りないと、上司や年長者に叱られる、
八つ当たりされる、嫌味を言われる、いじめられる……
ということが起きてくる。
土星はもともと厳しい惑星ではあるのだけれど、
それがよく出るか、悪く出るかは人によるのね。
土星をうまく使えている人にとって、
土星の厳しさが努力や試練という形で
降りかかってくることはあっても、

八つ当たりや意地悪をされるなんてことは、
まずありえない。歪んだ形で出る必要がないから。
人間関係がうまくいっていない人の場合、
水星（＝コミュニケーション）を
使えていないっていうケースももちろんあるのだけれど、
つらく当たられるというなら、
土星パワーが不足していると考えるべき。
当たられる人自身の土星力が足りないのね。

土星をモノにできてる人には揺るぎない安定感と
存在感があり、何よりも、そこはかとない自信を漂わせてる。
そんな人を敵に回そうなんて、誰も思わないのよ。

じゃあ、土星力をつけるにはどうすればいいか？
「何かひとつのことを続ける」──これがいちばん。

土星パワーは時間をかけることでしか大きくならないから、
となるとやはり、「続ける」しかない。つまり、習慣化。
そう、土星力をつくるのはほかでもない、「よい習慣」なのです。

たとえ小さなことでも、継続すれば
あなたの土星力は確実に強くなる。
それとともに、人間力も磨かれていくのです。

059

現状維持は下降

人間って惰性の生き物だから、
普通にしてるとつい同じことをやり続けちゃう。
延々、同じことをやり続けるの。
問題ないならこのままでいいじゃない、って。

でもねー、ここが大きな落とし穴。
「問題がない＝このままでいい」
とは限らないのですよ。

現状維持っていう言葉があるけど、
そのじつ、全然現状なんて維持してない。

実際は下降してるの。
ただ、それがあまりにもなだらかな下降だから、
気づかないだけ。

この下降を食い止めるには日々、変化するしかない。
つねにつねに、変化し続ける。

これしかないのね。

宇宙のエネルギーが
一日たりとも同じではないように、
私たちも日々、変化し続けなきゃいけない。

一口に変化といっても、
通勤経路を変えるのも変化だし、
食事の質を変えるのも変化。
ヘアスタイルを変える、メイクを変える、
家具やインテリアを変える……
とまあ、小さい変化であれば、
さほど苦もなくできるわよね。

でも、こういう日常的な変化とは別に、
年に一度、
ガツーンと変えなきゃいけないときがあるの。

それが、水瓶座新月（毎年1月下旬〜2月下旬）からの1か月。
この時期は、変化ではなく「改革」。
必要とあらば、
現状改革に踏み切るべきタイミングと心得て。

060

月は太陽を育てる

「Keikoさんが月星座を太陽星座より重視しているのは
なぜですか？　太陽星座はみないのですか？」

そんなご質問をよくいただきます。
そもそも私がなぜ太陽星座をあまり使わないかというと、
理由はたったひとつ——
「太陽は引力（引き寄せ力）がイマイチだから」。

まったくないとは言いません。
でも、月星座の引き寄せ力に比べたら、
太陽星座のそれはまるで弱い。
お話にならないくらい、弱いんですよ。

樹木でいうと、
月星座は「根っこ」、太陽星座は「幹」。
幹って表に出てるから目立つけど、
それが何かを引き寄せたり、
吸収したりするわけじゃないでしょ？

水分や養分という「生きるために必要なもの」を
引き寄せているのは、
あくまでも、地中深くに張り巡らされた根っこ。
幹や枝葉が大きく育つのは、
丈夫な根があるからなのね。

この根っこを人間にたとえるなら、「月星座」。
強固な根っこの上に丈夫で太い幹が育つのと同様、
月星座をきちんと使っていれば、
太陽星座は自然に育ってしまうのです。

[Keiko的金言]

061

恋は本能。そして、衝動

ルールや常識を重んじるあなたの信念を
いとも簡単に覆すのが、男と女の世界。
恋に常識は通じない。正しい、正しくないも関係ない。
生身のぶつかり合いこそが、
恋なのだから。

062

水星逆行にお宝あり

水星逆行と聞くと、
「うわっ、気をつけなくちゃ」と
身構えてしまう方も多いのではないかしら。

確かに、
情報やコミュニケーションを司る
水星が逆行を始めると
いろいろと厄介なことが起こりますからねえ。

とはいえ、嫌なことばかりじゃありません。

それどころか、
水星逆行ってじつは、
大いに使えるのですよ！

まずおすすめしたいのは
「古い情報を見直すこと」。

・以前習ったことを復習する

・以前使った本やテキスト、教科書をめくってみる

・よく聴いていた音楽を聴く

・昔使っていた香水をつけてみる

・以前出入りしていた店や場所に行ってみる

・過去のアイデアや企画を練り直す

水星が逆行している3週間を利用して
こういうことをやってみると、その中に
意外な発見やヒラメキが
あったりすることもしばしば。

いま取り組んでいることへの
ヒントが見つかったりね。

過去と現在がひとつの線でつながる──

そんなことをやってくれるのが、
水星逆行なのです。

063

宇宙が喜ぶことをする

「宇宙に願いを叶えてもらったとき、
御礼はどのようにすればいいのでしょう?」(H美さん)

これはですねー。
宇宙がいちばん喜ぶことをしてあげるのがやはり、
最高のご恩返しでしょうね。
宇宙がいちばん喜ぶのは、
「愛と感謝を循環させること」。
満月の日に感謝の思いを綴ったり、

「願いを叶えてくれてありがとう!」と
口に出して言ったりするのももちろんOK。
でも、感謝の思いをまわりの人に伝え、
さらに世の中に還元したりすれば、
宇宙はもっともっと喜びますよ。

叶ってうれしい! ありがたい! と思ったら、
その思いを身近な人や、

日頃お世話になっている人たちに伝える。

あるいは、なんらかの形で社会の役に立つことをする。

難しく考える必要はありません。

たとえば、

いつもオフィスのお掃除をしてくれてる

おじさんに

「いつもありがとうございます、

本当に助かってます！」

ときちんと言葉にして伝えるとか、

そんなちょっとしたことでいいの。

「人が嫌がることを引き受ける」

というのも、素晴らしい方法。

PTAや町内会の役員を引き受けるとかね。

あとは、「寄付」。

宇宙に対する御礼として、やはり寄付は最高。

お金という大切なものを、

世のため人のために差し出すわけだから。

ちょっとした願いが叶った場合は、コンビニ募金。

大きいことが叶った場合は、慈善団体に寄付。

そんなふうに分けるのもよいかもね。

064

時間の使い方

この地球で唯一、
すべての人に公平なのが「時間」。

お金を出せば1日が30時間になるっていうものでもないし、
悪いことをしたから1日10時間にされた……
なんてこともない。
誰にでも、永遠に平等なのが
「1日＝24時間」という長さ。

だからこそ、それをどう使うかで人生に
大きな差が生じるのです。

近年「時短」がブームになっているけれど、
今後、それ以上に大切になってくるのが、
「いかに密度の濃い時間を過ごせるか」。

1日24時間という限られた時間を、
どれだけ充実させるか。

充実した濃い時間をどれだけもてるかが、
あなたの人生を決定づけることになるの。

これからは時短ではなく「時充」。
いえ、「時濃」かな（笑）。

これからの時代、
運の良し悪しを分けるのはズバリ、
「時間の使い方」。

1日24時間という時間は誰にとっても平等。
ここにおいて、差は一切ありません。
「使い方」なのですよ、差がつくのは。

24時間を
なんの目的意識もなく適当に過ごす人と、
毎日、たとえ1時間でも
「意味ある時間」を過ごす人——

そんな2人の運の総量に、
差が出るのは当然だと思わない？

065

運に追われる人

宇宙を味方につけるほど心強いものはありません。
ある意味、最強。
だって、この世に起こることはすべて、
宇宙の摂理で動いてるんですもの。

だからこそ、運をよくするのは簡単なのです。
自分の思考、意識、行動、ものの見方、
考え方を宇宙の摂理に合わせればいいんですから。

宇宙の摂理というのはつまるところ、12星座のこと。
12星座の意識をひとつひとつ味わうことで、
宇宙意識はおのずと身につく――
そう、自分が宇宙意識そのものになるの。

このレベルになると息を吸うことすらも
宇宙との会話になるから、
もはや運なんて考える必要すらない。

あなたの行動に、
運が勝手についてくるようになるんです。
別に誇張してるわけじゃないですよ。

実際、私のまわりにはこういう人が何人もいるしね。

とはいえ、その人たちがもともと強運だったかというと、
必ずしもそうじゃない。
事実、彼らのなかには、
ほんの数年前までスランプに陥っていた人もいれば、
一度事業に大失敗した人もいますもん。

それでも、いまになって思い起こせば、
みんな巻き返しはかなり早かったなあ。
脳内意識を「新月始まり」に書き換えてもらい、
その日の月星座に合わせた行動をとるようにしてもらったら、
彼らの人生はみるみる変化していった。

運を追いかける側から、
運に追いかけられる側になっちゃったの（笑）。

066

可能性の種

月星座がすごいのは、自分の月星座を知って
それに相応しい行動をとれば、
あとは宇宙がお膳立てをしてくれるってこと。

そうなんです、
月星座にスイッチが入ると、運って自動的に動くの。

たとえば、これまで何十年間も
「私は天秤座」と思っていた人が、
「えっ、私、月星座は蟹座なんだ！」と知ったときから、
出会う人や身の回りに起こることが
変わり始めるというのは、よくあること。

それもこれも、自分の月星座を知ることによって、
潜在意識が動いたから。

月星座を使う目的はまず、
潜在意識に風穴を開けること。

環境や常識のせいで
縮こまってしまったエネルギーを解き放ち、
あなた自身の磁力と引力を高め、
望むものがすべて向こうからやってくる状態をつくる——
これこそが、月星座を使う目的なのね。

私たちはみな、月星座という
「可能性の種」をもって生まれてきている。
にもかかわらず、
その種をポケットにしまい込んだままにしている人が
いかに多いことか！
もったいないですよ〜。
青天井の可能性があるのに
それを知らない、使わないなんて。

何はともあれ、自分の月星座を知りましょう。
知ったら、それを使う！　利用する!!
そこから起こる怒濤の変化をぜひ、楽しんでみて。

＊あなたの月星座はこちらでチェック　https://moonwithyou.com

067

願いは水面下で動く

願いが叶わないというのは叶わないんじゃなくて、
「まだ」叶っていないだけ。
段階を踏んでる途中なのよ。

10キロ痩せたいっていうとき、
2週間で叶ったりするかしら?
ないでしょー、そんなこと。
1か月かけて1.5キロ減り、次の1か月でようやく2キロ減り……
そんなふうに、段階を踏むでしょ?
そういうものなんです、達成するって。

なかにはパワーウィッシュ（Keiko式願いを叶えるメソッド）を
書いた翌日に叶っちゃったりすることもあるけれど、
それは、環境がすでに整っている場合。

たとえば、あなたがパワーウィッシュを書く前に、
宇宙がすでに根回しをしてくれていたとしたら、
まあ、そうなるわよね。

とはいえ、そうでない場合は
ある程度時間がかかるのが普通。
地球という星が時間軸で成り立っている以上、
これは致し方ない。

だから、願ったことがすぐ叶わないからといって、
「なぜ？　なぜ叶わないの⁉」
などと焦らないでほしいの。

物事には、段階がある。
願いも段階を踏んで叶っていくのが普通なのよ。

そんななか、
うれしいハプニングやシンクロが
ときどき起こってきたら、
それは成就までのカウントダウンが始まった証拠。

「いまいろいろ画策してるからもう少し待ってて〜」
という、宇宙からのサインなのね。

068

感情を記憶する場所

お掃除の盲点といえば……そう、「壁」。
床を丁寧に掃除することはあっても、
壁にはなぜか意識がいかないわよね。
とはいえ、この壁こそ、
じつは最も念入りに掃除すべき箇所。
なぜか?

壁にはね、感情が溜まるのですよ。
そう、「壁は感情を記憶する」。
邪気が溜まるのは床だけど、
感情が溜まるのは壁なのです。
感情が溜まるというより、
「しみつく」というほうが正しいかも。

問題は、壁にしみついた感情が、
ハタキをかけたり水拭きしたりしただけじゃ、
全然取れないってこと!
感情のエネルギーって粘着質だから、

そのくらいのお掃除じゃびくともしない。

つまり、ここで必要なのはお掃除以上に、
「浄化」（＝クリアリング）。
むしろエネルギーレベルのお掃除のほうなのね。
そして、これができるのが、「お香」。
壁にしみついた感情を浄化してくれるものは実質、
お香しかないんじゃないかしら。

しかも、どのお香でも
浄化可能かといったらそうではなくて、
やはりフランキンセンスがいちばん！
私の友人のなかには、
フランキンセンス香を毎朝焚き続けることで
人生が好転していった人もいるくらい。

重要なのは、「続けること」。
何年、場合によっては何十年もかけて
壁にしみ込んだ感情が、
1回お香を焚いただけで取り切れるなんてこと、
まずあり得ないもの。
効果を実感するには、
私のように日課にしてしまうのがベストです。

069

ボタンの掛け違え

「ボタンの掛け違え」ってよく言うでしょ。
最初のボタンが正しい穴にはまってないと、
そこから下がぜーーんぶズレていくっていう。
運や人生も同じなのよ。
いえむしろ、運や人生にこそ、ぴったり当てはまる。

私はよく、「宇宙においては、終わりよりスタートが肝心。
始めよければすべて良し！」と言っているのですが、
これは「ボタンの掛け違えをしないように！」
という意味を暗に含んでるの。
洋服だったら、「なんかヘンだと思ったら、ボタンがずれてたの
ね」って自分で気づけるけれど、
これが人生とか運となると、そうもいかない。
自覚できないし、ましてや、それを指摘してくれる人もいないしね。
その一方で、宇宙の流れは止まることなく延々続いていくから、
いったん止まって掛け違えを直しましょうってことが、
なかなかできない。
結果、ボタンを掛け違えた人（＝運がよくない人）の人生はど

んどん悪くなり、運のいい人は右肩上がりでよくなっていく
……という人生格差が生じるわけ。
「引き寄せ格差」といってもいいかしら。

運や人生においては、最初の「ボタンの掛け違え」が一生を
左右してしまうこともある——
脅かすつもりはないけれど、これは事実。とはいえ、
そんなボタンの掛け違えを直すタイミングというのが、
ちゃーんとあるのですよ。
それが、「宇宙元旦」。

宇宙元旦では私たちを取り巻くエネルギーが否応なく切り替
わるから、毎年、このタイミングでリセットをかける！
そうすれば、ボタンの掛け違えが延々続くことはあり得ないの。
つまり、それまでずっと掛け違えてきたとしても、
宇宙元旦で正しい位置に掛け直せばいいだけのこと。
一方、掛け違えのない人は、宇宙元旦という
「可能性100％のパワー」を取り込んで、
さらなる運気アップが望める。

運のいい人にとってもそうでない人にとっても
最強のブースター、
それが「宇宙元旦」なのね。

070

仕事は相性

みなさんの中には、今の仕事を続けるかどうか、
悩んでいる方もいらっしゃるでしょう。
私に言わせていただくなら、今の仕事をしていて

・なんか違う
・しっくりこない
・楽しくない
・トラブルばかり起こる
・成長できている気がしない
・自分の良さが表現できていない
・頑張っても評価されない

——もしこんなふうに感じるのであれば、
続けても意味がないと思うの。

あなたがやるべき仕事でないことは明らかです。
こういう状態を続けていて何より恐いのは、
「自分の可能性を信じられなくなること」。

自尊心が失われ、魂が萎縮してしまう……

これがいちばん恐いのです。

なので、そうなる前にアクションを起こさなければ！

ちなみに仕事がうまくいかないとき、

「私の努力が足りないのでしょうか？」

「なぜ評価されないのでしょうか？」

と聞いてくる方が多いのだけれど、でもね。

仕事って、相性なんですよ。

つまり、「向いてるか、向いてないか」。

それが100％とは言わないけれど、ほぼほぼそう。

男女関係、人間関係、仕事、会社、ダイエット法……

そこに理屈なんて存在しない、相性です。

やっていて楽しくない、この仕事合わないと思ったら、

辞めていいの。

私の我慢が足りないんだわ……なんて思う必要一切なし！

相性の悪いものを克服するのは、人生勉強にはなるでしょう。

でも、お金には結びつかないし、

何より、心とメンタルが疲弊する。

意味ないですよ。

071

ズーズー弁もサイン

山形へお墓参りに行ったときのこと。
お気に入りの手袋が、
いつの間にかなくなってることに気づいたの。
ただ、その前に仙台とかあちこち行ったので、
いつ、どこでなくしたかかいもく見当がつかない。
うえ〜〜ん。
めっちゃ気に入ってたのに……。
ま、仕方ない、厄落としだと思ってあきらめよ。
どこで落としたかわからないから、探しようもないしね。

そんなふうに考えながら、近くの蕎麦屋さんに入った。
するとしばらくして、
隣のテーブルに地元のおっちゃんグループがやってきたのね。
すでにお酒が入っているらしく、それはもう、賑やかなこと！
しゃべるわしゃべるわ、ズーズー弁で（笑）。
ズーズー弁もここまで行くともはやBGMだわ〜（苦笑）
と思ったとき……
「ずーずー弁、ズーズー……ん??」。

そういえば昨日、動物園（ZOO）の前を通ったよね。
そのとき、売店でソフトクリーム買ったよね？
お金払うとき、手袋とったよね？？
あーーーっ！　あそこかもっっ!!

というわけで、さっそく動物園の電話番号を調べて
売店につないでもらうと、
「ああ、ありますよ。紫色の手袋ね、
はいはい。お預かりしてますんで」。
あ、あったぁ〜〜〜。
果たしてお気に入りの手袋は無事、
私のもとに返ってきたのでした。

それにしても、宇宙クンには脱帽。
ズーズー弁までサインにしちゃうんだもの！

というわけで、みなさま。
宇宙とツーカーになりたいなら、
あまり真面目じゃないほうがいいですよ。
脳ミソはできるだけ柔らかく。ふやけるほどに（笑）。
これ、サインを受け取るコツです。

072

人間関係の潤滑油

私はOL時代秘書をしていたのですが、
上司が変わるたびに最初にやっていたのはまず、
月星座のチェック!
というのも、上司によって、
秘書に求めるものがまるで違うからなの。
たとえば、月星座蟹座の上司はけっこうベッタリ型（笑）。
秘書のことも家族同然というか、娘同然に扱います。
ご家族を紹介してくれたりね。
でも、水瓶座の上司は真逆。めっちゃビジネスライクですよー。
プライベートなことは一切秘書に頼まないし、
家族の話もほとんどしない。
一定の距離をキープします。

ちなみに先日、編集者Hさんと話をしていたときのこと。
「この企画通したいですけど……でも、編集長次第ですね」と
おっしゃるので、「編集長、月星座何座?」と尋ねたら
「牡羊座です!」と。となれば、ことは簡単。
「このテーマ、他紙はまだどこもやってません。うちが最初で

す！ってプレゼンしてみて」とHさんにアドバイスしたところ、
即通りました！と（笑）。

それもそのはず。月星座牡羊座の上司には
「どこもやってない」がキラーワードですから。

なぜこういうことが起こるかっていうと、人はそれぞれ、
価値をおくものが違うから。

何を重視して生きているかが、一人一人違うのね。

それって普通、かなり親しくならないとわからないはずなのに、
相手の月星座がわかれば、簡単にわかっちゃう。

Hさんの上司（編集長）は月星座が牡羊座だから「まだどこも
やってない」「ウチが最初！」が殺し文句になったけれど、

これが月星座山羊座の編集長だったら、話は別。

「これはハーバード大の教授が提唱してることなんですが」
みたいな権威的存在の裏打ちがキラーフレーズになるの。

何に価値をおいているかは、仕事もプライベートも同じ。

そこは外せない！という感覚はある種、本能的なものなので、
そこに仕事とプライベートの差は生じないのですよ。

月星座はズバリ、人間関係の潤滑油。

「相手が求めるもの」「価値をおくもの」
「心地よいと感じるもの」

これをこちらが満たしてあげれば、
どんな人間関係もうまくいくのです。

073

冥王星とマグマ

「冥王星の威力ってすごいなと感服することが続いています。
冥王星とのパイプを太くする方法（仲良くなる方法）ってある
のでしょうか？」（T子さん）

冥王星とのパイプを太くするのって、正直、すごく難しいです。
というのも、冥王星のエネルギーをもつものが、
私たちの身近にあまり多くないから。
とはいえ、まるでないわけじゃありません。
なかでも、私がときどき取り入れるのは、
「温泉に浸かること」。
この地球上で冥王星のエネルギーを
もっているものといえば、ズバリ、「マグマ」。
私は以前、「冥王星が大きく動くと地震が起こりやすい」
とお伝えしたことがあるのですが、
その理由は、冥王星が動くとマグマが動くから。
マグマが動くと、その上にある大地が揺らぐ。
そう、マグマと冥王星って、連動してるんですよ。
それでいうと温泉って、

地下水がマグマで温められたものでしょ?

当然、マグマエネルギーをたっぷり含んでる。

さらに、水にはあらゆるものの波動を

コピーする性質があるので、温泉にはマグマ——

つまり冥王星の波動が刻み込まれてるというわけ。

ただし、注意点がひとつ。

温泉には「火山性温泉」と「非火山性温泉」があるでしょ。

火山性温泉は当然ながら、火山の近くにあります。

硫黄の臭いがする温泉は、ほぼ火山性ね。

逆に、平地や盆地に湧き出ているのは

「非火山性」がほとんど。

マグマと関係なく湧いている温泉だから、

冥王星のエネルギーはもっていません。

というわけで、冥王星パワーを吸収するのが目的なら

「火山性温泉」を選ぶこと。

温泉で冥王星と仲良くなれちゃうなんて、最高じゃない?

そうそう、冥王星とのパイプを太くしておくと何がいいか、

ですが。

冥王星と仲良くなるとズバリ、潜在力が開花しやすくなる。

そして、いざというときに底力が出る。踏ん張りが利くのね。

仲良くなるのが難しい惑星ほど、

必要なときに大きな力を貸してくれるのよ。

074

追い風を利用する

ラッキースター木星が教えてくれるのは、
追い風が吹く方向。
たとえば木星が双子座に入ったら、
双子座の方向に追い風が吹くってことなのね。
「つねに追い風の吹いている方向に進む」——
これが、開運の極意。

舟を漕いで向こう岸に行こうっていうとき、
もしそちらの方向に風が吹いてたら、
何もしなくたって向こう岸に着いちゃうでしょ？
ええ、何もしなくても！
木星ってまさに、このイメージ。

努力も実力も大事だけど、それよりもまず、
追い風の吹く方向に動く。
運をつかむには、
これがいちばん手っ取り早い方法よ。

075

プアな人は
お金を使うことに「罪悪感」をもち、
リッチな人は
お金を使うことに「喜び」を感じる

お金は「うれしい!」「シアワセ!」といった
軽やかな波動が大好き。
だからこそ、お金は出すときは気持ちよく!
出したお金が新たな運とチャンスを連れて、
あなたのもとに舞い戻ってくるイメージね。
リッチマインドは罪悪感とは
無縁であることを覚えておいて。

身体というセンサー

先日知人の紹介で整体に行ってきたのですが、
まだお若い先生なのに、素晴らしい施術！
何より、仕事を心から楽しんでいる様子が印象的でした。

ちなみに、私が施術者を選ぶ基準は2つ。
ひとつは、ご本人がその仕事を楽しんでやっているかどうか。
私はこれを、何よりも重視します。
逆に、スキルや実績はそんなに気にしない。
「この仕事が好きで好きで。
おもしろくってやめられないんですよ〜」
こういう方に施術してもらうのが、私のポリシー。
だって、効果が全然違いますもん。
「おもしろくて仕方ない」ということ自体、
その人の細胞が喜んでいる証拠。
その仕事が天職だという、何よりの証拠です。
「好き」というテンションは、スキルや経験を超えるのです。

そして、もうひとつ。

それは、私の細胞がその施術者を受け入れるかどうか。
これもまた、重要なチェックポイント。

話はやや逸れるけど、相手がソウルメイトかどうかは、
頭で考えても答えは出ない。
答えを知っているのは自分自身の細胞だけ。
つまり細胞が身体を通して教えてくれるわけですが、
まったく同じことが、お医者さんやエステティシャン、
施術者にも言えるのね。
具体的に言うと、自分の波動にぴったりな人に触られると
肌がスーッと滑らかに、柔らかくなります。
そして、肌の色が一段と明るくなる。
これ以外にも人それぞれ独自の反応はあるものの、
「触れられた瞬間、肌が滑らかに柔らかくなる」というのは共通。

これは、細胞たちが「自分の味方である」と認識した瞬間、
身体の緊張が緩んで血行がよくなるから。
私たちの身体ってこんなふうに、こちらが聞かなくても、
向こうからばんばんサインを送ってきます。
鳥肌が立つとか、気分が悪くなる、頭が痛くなるとかね。

そう、私たちのボディは秀逸な
「情報発信器」なのです。

運命の輪を回すには

新しい流れは、自分一人じゃ起こせない。
自分以外のエネルギーが加わらないとダメなのね。

たとえば、女性は子どもを産めるわよね。
でも、女性だけじゃ子どもはできないでしょ。
男性と交わらないと、
新しいエネルギー（＝子ども）は生まれない。

お花だってそう。
バラがバラの花を咲かせられるのは、
そこに水や太陽という、
外からのエネルギーが加わるから。
バラの種だけだったら、
たんに「可能性がある」というだけなのね。

運命の輪を回すのも同じこと。
いろいろな人に会って刺激を受けたり、
質のいいものを食べて波動を高めたり、

仕事や環境を変えて細胞に喝を入れたり。

いろんなことにチャレンジしてモチベーションを高め、

旅行や引っ越しで違う土地のパワーを取り入れる……

そうやって、何かしら

「外からの力」を加えないといけない。

つまり、

運命の輪を回しているのは「ケミストリー」。

あなたと、あなた以外のものが

交わって生じるケミストリーが、

人生を開花させていくということなの。

078
勝ちたいなら、負けておく

恋に勝ち負けはないけれど、
人は本来、優位に立ちたいイキモノ。
よい関係をキープしたいなら、
ときどき相手に勝ちを譲っておく。
だまされたフリをするのも、ときに必要なこと。

感情はその日のうちに

運が悪い、運がないと思い込んでいる人に
ありがちなのは、「スペースがない」ということ。
スペースがないんです、新しい流れを引き込むスペースが！
逆にいうと、「邪魔なものが多い」。
考えてみて。
一般道より高速のほうが、目的地に早く着くのはなぜかしら？
それは、邪魔なものがないから。
人とかバイクとか信号とか踏切とか、
行く手を遮るものがないから、スイスイ行ける。
スピードが出せるのです。
人生も同じこと。
余計な考えや迷いがあると、なかなか前に進まない。
あなたという器にいらないものがいっぱい入っちゃってると、
運を招き入れるスペースが失われるの。
「今日泊まりたいんですけど、空いている部屋ありますか？」
「申し訳ありません、ただいま満室でございます」
そんなふうに言われたら、
運だってスゴスゴ帰るしかないじゃない？

そうやって、運を遠ざけてる人がなんと多いことか！
いつやってくるかわからない不意の来客——
運やチャンスって、そういうもの。
だからこそ、つねに運が入ってくるスペースを
つくっておかないと。
不平不満、怒りや嫉妬、恨みつらみ、恐れ、不安……
そうしたネガティブな感情で、
あなたという器を満たすことのないように。
心という器を、マイナス波動の集積場にしないように。

ネガティブな思いが湧き上がってくること自体、
別にいいんですよ。
人間だもの、いろんな感情があって当たり前。
問題は、それを溜め込むこと。
手放せないことが問題なのです。
大事なのは、その日の感情を
「その日のうちに」処理してしまうこと。
心に余計なぜい肉をつけないことです！

ちなみに、感情の浄化には粗塩が効果的。
伯方の塩、赤穂の塩といった天然塩を、
湯舟にたっぷり入れて入浴してみて。

景色は可能性

「ふっきった途端、流れが変わった」——
そんな話、聞いたことあるでしょ?
ふっきるとは、これまで執着していたものを手放すこと。
意識から外す、といってもいいかしら。

執着というのはいわば、
同じ窓からずーっと同じ景色を見てる状態。
あるひとつの景色(人)だけを延々見続けてるの。
そう、それ以外のところに目を転じれば、
もっと美しい風景や楽しい景色が
広がっているにもかかわらず。
ああ……なんてこと!
執着してる間に数々のハッピーを見逃すなんて、
もったいないと思わない?

チャンスを引き寄せたいなら、
別の窓から違う景色を見るようにしないと。
ここでいう「違う景色を見る」というのは、

必ずしも比喩的な意味じゃない。

実際、違う風景を見ることは、

執着を手放すいちばん簡単な方法といってもいいくらい。

お手軽なのに、きわめて効果の高い方法なのです。

「目に入ってくる景色は可能性をつくる」

── これが私の持論。

事実、同じものを見続けていると、

思考も感性も鈍化しちゃうんですよ。

鈍化した感性で

運やチャンスをキャッチできるかといったら……

かなり難しいわよね。

そうならないためにも、視界に入るものを積極的に変えていく。

たとえば部屋のインテリアを定期的に変えるとか、

ときどき通勤路を変えてみるとかね。

ビルの最上階から街を見下ろすのもいいし、

地平線に沈む夕日を見つめるのもいいでしょう。

その点、旅行は最強ね。目にする景色がガラリと変わるので。

いずれにせよ、そんなふうにして、

視界に入る景色にできるだけ変化をもたせる。

いろんな場所に行って、風景のバリエーションを増やしておく。

意外にも、これが執着を手放すコツなのです。

081

巻かれるが勝ち

自分の手で運命の輪を回すのが難しければ、
人の手を借りるというのもあり。
運命の輪が回りだした人のそばにいると、
確実に運気アップできるから。

運命の輪というのは文字通り、「輪」。
巻き込む力が強いのですよ。
人も運もチャンスもお金も、すべて巻き込んじゃう。
そういう人には、積極的に巻かれましょう（笑）。
身近にもし「あの人、運命の輪が回ってるわ～」と
感じる人がいたら、遠慮せずお近づきになって。

「それって下心じゃない?」と思ったかしら。
いいんです、下心なんてあっても。

そもそも強運な人は、利用されることなんて気にしません。
「私でよければ、どーぞどーぞ」って（笑）。
そんなおおらかさが、また運を呼ぶわけですが。

波動を上げるもの

「波動を上げる方法を教えてください」
というメールをよくいただくのですが、
じつはこれ、さほど難しくありません。
波動って、うつる性質があるんですよ。そう。「伝播する」。
となれば、日々、波動のよいものに囲まれて
過ごせばいいだけのこと。
「朱に交われば朱くなる」という言葉通り、
波動の高い人・もの・場所に普段から接していれば、
それだけで波動はある程度上がっていきます。

具体的には、
波動のよい場所に住み（働き）、波動のよい人と付き合い、
波動のよい言葉を使い、波動のよいものを口にし（食べ）、
波動のよいものを使う。

最終的には「愛の絶対量」「思考」「感情」「言葉」の
4つでその人の波動が決まってくるんだけど、
まずは上記5つを実行するだけでも効果あります。

12星座の旅

毎年、秋分前にやってくるのが、魚座の満月。
この頃、もの悲しい気分に襲われる方が多いようですが、
それはとっても素直な反応。

魚座は12星座のラストサイン。
つまり魚座って、
「この世を去るときのエネルギー」なのね。
長らく一緒にいた自分の肉体を抜け出て、
この世を去るときの、甘く切ない惜別の思い──
それこそが魚座の世界であり、感情。

12星座は、人生という旅路の象徴。
私たちがこの世に生を受けてからこの世を去るときまでの、
12のステージを表してるの。

牡羊座で誕生し、牡牛座で五感を発達させ、
双子座で知性を高め、蟹座で愛と思いやりを身につける。
獅子座で自己表現を覚え、

乙女座で人の役にたつ喜びを知り、

天秤座でパートナーと出会う。

蠍座で分かち合いを体験、

射手座で未知の世界に飛び込み、

山羊座で大きな結果を残したあと、

水瓶座で世の中に貢献。

最後の魚座で

「人生とは愛を体験する場だったのだ」と

悟って肉体を離れる。

何十年とまとい続けた肉体という衣装を脱ぎ捨ていざ、

あの世へと旅立つ──

この人生の最終章を受けもっているのが、

魚座というサインなのね。

そんなわけで、月が魚座にあるときは

どうしても、もの悲しくなっちゃう。

私たちもいずれ、この世での学びを終えて、

肉体を離れるときがやってくる。

月が魚座にある日は、

そのときの感覚を疑似体験しているのかもしれないわ。

苦手なものの効用

いまの自分を変えたい、
もっと成長したいと思うなら、
いままでと違うエネルギーを取り入れるしかない。

付き合う人を変える、
環境を変える、
仕事を変える……
という方法は確かに効果的だけれど、とはいえ、
それってけっこう難しかったりするでしょ?
少なくとも、ある程度時間がかかるわよね。

なのでまずは、普段選ぶものを変えるのが
いちばん手っ取り早い。
毎朝パンの人はご飯にしてみるとかね。

なかでも効果的なのが、
「苦手なもの」を食べること。

苦手なものというのは、
それまでほとんど口にしてこなかったものだから、
自分にとっては新しいエネルギー。

ある一定の期間（目安としては半年くらい）、
その新しいエネルギーを
続けて取り入れることによって、
細胞に刺激が加わるのですよ。

「よくわからないものが入ってきたんだけど、いったい何コレ？」
と、ちょっとびっくりするわけね。

私も何度か経験あるんだけど、
苦手なものを食べるということを意識してやっていると、
ある段階で、それまで好きじゃなかったものが
なぜか好きになってくることがあるのね。

それはとりもなおさず、
自分自身のエネルギーが変化したということ。
そう、成長したのです。

本能をONにする

パートナーを本気で引き寄せたいならまず、
生き物としての「本能」を目覚めさせなければ。

いくらキレイだろうが、性格がよかろうが、
清く美しく生きていようが、
生き物としての本能がONになっていなければ
パートナーには出会えない——
少なくとも、出会いにくいのです。

本能とは生き物としての五感であり、
必要なものを察知するアンテナ。
それがONになってるかどうかって、じつは
死活問題といってもいいくらい重要なことなの。

「彼女、キレイよね～」
「あの子は本当に性格がいいの」
そんなふうに言われてる人が、あなたのまわりにもいるでしょ?
美しくて性格もいい。

仕事ができて、まわりからの信頼も厚い。
人としても尊敬に値する。
でも、そんなに素敵な人なのに、
なぜか恋に縁遠かったりしない?

清く正しく、愛をもって生きていれば出会いがあるというのなら、
そういう人たちはみなパートナーを手に入れているはず。
でも、実際そういうわけでもない。

なぜか?　本能にスイッチが入っていないから。
外見とか道徳心とか人間力をいくら磨いても、
生き物としての本能が弱ければ、
パートナーは引き寄せられないのですよ。

とはいえ、そこだけ強化すればいいというものでもない。
要は「バランス」。
本能だけで生きていたら動物と変わらないし、
かといって、理性や道徳心だけなら修道女と同じ。
愛と調和に満ちた生き方をしながらも、
人間としての本能に忠実でもある。

これこそが、パートナーを引き寄せる秘訣なのね。

マゼンタパワーで
傷を癒やす

「私は親の虐待を受けた経験があります。Keikoさんの本を
見つつ親にマゼンタパワーを送ってみたりしたのですが怒り
が勝ってしまい、心の底から親が幸せになるイメージをもつこ
とが難しいです。感謝のエネルギーを送れるようになるには、
何から始めたらよいでしょうか?」(Y恵さん)

「愛を送ろう」と思うと心に葛藤が生じて、
うまくいかないわけよね。
であれば、愛を送ろうと思わなければいいの。
ただ、マゼンタという「色」を送る。それで十分です。

色のすごいところは、
それだけで十分なパワーを放つということ。
色というのは波長の一種であって、
それ自体に特有のエネルギーがあるのね。
紫外線とか赤外線なんて、まさにそうでしょ?
その点、マゼンタという色は

それ自体が愛の波動をもっているので、

無理して愛を込めなくても大丈夫。

もちろん、愛と感謝をのせたらエネルギーは何倍にもなるわよ。

でも、無理なら無理でかまわない。

自分を責める必要もないしね。

かさぶたが取れるのに時間がかかるように、

心の傷が癒えるのにも時間がかかって当然だと思うの。

Ｙ恵さんのような方は、今の段階では

相手が幸せになるイメージなんかしなくていいし、

そこに多少の怒りや憎しみが

混じってもかまわない。

ただ、マゼンタという色を送る。

色の力を借りましょう。

マゼンタパワーを送り続けていると

自分自身も愛のシャワーを自動的に浴びることになるので、

心の傷とか怒りといったネガティブな感情が

やがて癒えていきます。

そして、無理しなくても相手に感謝できるようになるの。

ごく自然にね。

オイルこそ「質」

オイルというのはね、クオリティがすごーく大事。

口から入れるオイル（食用）も、

皮膚から入れるオイル（ボディオイル）も。

それもこれもオイルは体内にとどまりやすいから。

水はわりとすぐ体外に排出されるけど、

油（脂）は比重が重いから溜まっていくでしょ？

それが波動に大きく影響するのです、

そう、あなた自身の波動に！

ちなみに、質の悪い油を摂り続けたり、石油由来の人工的な

オイルを日常的に使っていると、いったい何が起こると思う？

波動が低下するのはもちろん、みな「同じ匂い」になるのです。

つまり、同じ匂いの人が大量生産される。

これ、「日本人は体臭ないでしょ？」っていう話じゃないですよ。

ここでいう匂いは、波動とイコール。

その人なりの匂い、その人独自の波動です。

その人だけが発する「独自の信号」というか。

覚えておいてほしいのは、自分の匂い（波動）をもっていない

人は、ソウルメイトを引き寄せにくいってこと。

なぜか？

結ばれるべき2人は、匂いで惹き合うからです。

人間含め、この世の生き物はすべて、

匂い（＝波動）で惹き合っているの。

自分らしい匂いを放っていないということは、

それだけ自分自身の波動が弱いということ。

となれば、アピール度も弱くなって当然じゃない？

一方、ケミカルなものを含まない上質なオイルは

有機的物質だから、人の皮脂と混じり合い、

その人特有の匂いをつくってくれる。

その人らしい波動をつくり出し、しかも、

それが発散される手助けまでしてくれるの。

これは、人工的なオイルには決してできないこと。

大量生産するために使われる人工的で安価なオイルは結局、

「波動の同じ人間をも大量生産してしまう」ってこと。

わかりますか？

オイルだけは本当に、上質なものを使っていただきたい。

口から入れるオイルも、ボディに使うオイルも。

面接に受かる奥の手

「先週の水曜日の夜寝る前に、手のかかる生徒たちにマゼンタパワーを送ってみました。その子のイメージをして、その子がマゼンタの光に包まれるみたいな感じで。すると、金曜日。手を焼いていた子が、す～っと勉強し始めたのです。そして、昨日にはADHDの生徒さんが一度も席を離れずに、スラスラと問題に取り組めたのです！　で、今日。同じ生徒さんが、別の先生の時も、集中して、一度も席を立たずに、学習できたのです！　こんなことって、ありますか？？？」（T子さん）

動植物や子どもって、エネルギーに敏感なんですよ。
だから、すごく効きやすい。
まあ、今回のことがマゼンタパワーによるものだと証明する
方法はないけれど、そう思ってもいいんじゃないかしら？
そう思ったって、別にバチは当たらないと思うわ（笑）。
多かれ少なかれ、マゼンタパワーは
それだけの力を持ってるんですもの。

ちなみに私も、仕事に集中したいときは

マゼンタパワーをよく使います。

たとえば「この仕事、1時間で仕上げるぞ！」みたいなとき、

自分自身をマゼンタ色のエネルギーで

グルグル巻きにするの。

マゼンタの光が上から降りてきて、

頭のてっぺんから足の先まで、私自身の身体を

スパイラル状に取り巻いていくイメージ。

こうすると集中力が格段にUPして

本当に1時間でバッチリ仕上がる！

それを考えると、

生徒たちが集中して勉強するようになっても

別に不思議じゃないでしょ？

これ、大事な試験の前や面接のときなんかにも

よく効きますよー。

面接のときは、最初に挨拶をしたらすぐ、

面接官に向けてマゼンタパワーを送っておけばOK。

終始和やかな雰囲気で面接が進みますよ。

感謝で毒を制す

「昨日のメルマガで"パワーフードはタコ。油分は極力控えめに。マヨネーズ、ケチャップはNG"と仰っていましたよね。私はそれをすっかり忘れて、マヨネーズたっぷりのから揚げを食べてしまいました。こういうNGなことをしてしまった場合はこうしたらよいよ！ とかありますか？ それとも、過ぎたことはあんまり気にしないほうがよいですか?」(S佳さん)。

おっしゃるとおり、「過ぎたことは気にしない！」
これでOKです。
そもそもNGフードといっても、
その日のエネルギーに合わないというだけで、
別に毒になるわけじゃないから、
そんなに気にしなくてもいいのよ。

でも、万が一気になるなら、
ひとついい方法を教えちゃおうかな。

それはね、

「私の一部になってくれてありがとう」って
感謝すること
（食べた後でも、食べながらでもOK）。

感謝のエネルギーって、本当に不思議。
あらゆるマイナスをプラスに変えてくれるの。

一般的に身体に悪いといわれてる食べ物ですら、
感謝の言葉をかけると毒気が少なくなるのですよ。
少なくとも、悪さはしなくなるでしょう。

私もときどきおつまみやジャンクフードを
食べちゃったりするけど、
そんなときは必ずこの手を使うわね。
私の一部になってくれてありがとねって
感謝しながらいただく。

「これを食べるときれいになる〜♪」
そんなふうにつぶやきながら食べるのも効果的よ。

出会いは陸続き

運命の出会いは
いまある人間関係の、その先にある。
運命の出会いはたしかに特別なもの。
でも、それだけがポーンと、
まったく別の次元にあるわけじゃない。
すべての人に愛をもって接し、
いまある人間関係を大切にすることが、
やがて運命の出会いを引き寄せるのね。

「いままわりにいるのは嫌な人たちばっか！ こんな人たちどう
でもいいから、早いとこソウルメイトに出会いたいわ」
なーんていうのは、ありえないってこと。

そう、離れ小島ではなく、陸続き。
出会いはひとつひとつ独立しているように見えて、
じつは、見えないところですべてつながってる。
あなたが接してきた人々との調和が、
運命の出会いを引き寄せるのよ。

コインの裏表

愛の絶対量が大きい人は、エネルギーが大きい。

エネルギーが大きいと引き寄せ力も強くなるから、
当然、リッチになる。

「リッチだけれどエネルギーが小さい」という人に、
私はいまだかつてお目にかかったことがないわ。

一見、まったく別物のように思えるこの2つ、
エネルギー的にみれば同じもの。

愛の絶対量が大きくなればなるほど
入ってくるお金が増えるのは、
愛とお金がコインの裏表だからなのね。

(注)「愛の絶対量」というときの「愛」は、優しさや思いやり、慈しみといった万人に対する愛。恋をしたときのドキドキ系の愛ではありません。

リッチへの王道

古くはアメリカ独立戦争やフランス革命、産業革命、
近年ではインターネット革命を推進してきた、
改革の星「天王星」。
この天王星が「お金」を支配する
牡牛座にあるいま（〜2026年4月下旬）、
私たちは「収入革命」を迎えている真っ最中。
大事なのは、波にのること。
お金の仕組みや性質が変化しつつあるから
私たちもそれに合わせ、
意識と行動を切り替えていかないといけないのね。

そのためには、あなたにしかできないことをする。
生まれつき与えられているあなたの資質やセンス使って
あなた自身の価値観をひたすら追求していくのです。
風の時代はこれが、豊かになる王道。
真の豊かさは、あなたが
生まれつきもっているものからしか生まれない。
借りものは発展も拡大もしないのです。

093

看板が答え

「ある人から投資をもちかけられました。
投資してもいいかな……って思っていたのですが、
何か引っかかる。でも、悪い話ではないと思った私は、
さらに宇宙さんに "投資していい?" と問いかけてみました。
するとなんと、○○禁止、○○注意！という看板が
次から次へと目に入るではありませんか！
これは投資すべきではないというサインだと理解して、
泣く泣く諦めました」（A美さん）

そう、そういうことなんですよ。
宇宙のサインはそんなふうにして読んでいくの。
そんなふうに、いろんなことをどんどん聞いてみてください。
聞いて、答えをもらって、聞いて、答えをもらって……
というキャッチボールを続けていると
宇宙とあなたのラポールがしっかりできてくる。
絆が深くなっていくの。
そうするともう、人と会話してるのと
ほとんど変わらなくなってきますよ。

サインは何でくる?

シンクロはもちろん、タイミングがいいってこと自体、
宇宙からのメッセージ。
絶妙なタイミングで起こることはすべて、
宇宙からのサインなのね。
「流れはもうつくってあるよ」っていう。
だから、タイミングがいいときは流れに委ねてOK。

ちなみに、
宇宙のサインは音や声でくることがかなり多いの。

私の場合、耳(=聴覚)からがいちばん多くて、
次が目(=視覚)、その次が鼻(=嗅覚)って感じかな。

もちろん、この割合は人によって違います。
料理が得意な方は味覚からメッセージを受け取ることも
あるだろうし、医療に携わっている方は、
人の身体を触っているなかで(=触覚)メッセージを
受け取るかもしれないしね。

こんなふうに、サインのキャッチの仕方は、人それぞれ。

とはいえ、

音や声がサインになりやすいことは確か。

歌声、犬の声、鳥のさえずり、乗り物の音、街のざわめき……

何気なく歩いているだけで、

それこそいろんなサインが音という形で飛び込んでくる。

場合によっては、雑音さえもサインになるし。

それを考えると、イヤホンをつけて歩くのは

あまりおすすめできないなあ。

サインを取り逃がしちゃう可能性があるから。

私の場合を考えてみても、

耳からサインをキャッチするのは、

街を歩いているときがほとんどだもの。

イヤホンつけて移動するのが習慣になってる方は、

しばらくつけないでみたらどうかしら?

宇宙のサインをキャッチしやすくなるかもよ。

引っ越しできないなら

引っ越したいのはやまやまだけど、

現実的に無理……という場合もあるわよね。

そんなときは、「ここに住みたい！」という場所（街）に

ちょくちょく通う！ これだけでもOK。

週末は必ずその街に行くとか、

その近くで勉強やお稽古事を始めるとかね。

大事なのは、あなたとその場所の「パイプを太くする」ってこと。

そのためには、実際そこに行って、

あなたのエネルギーを根付かせるのがいちばん。

そして、そこの気をもらって帰ってくる。この繰り返しで、

あなたとその場所のパイプがどんどん太くなっていくの。

パイプが太くなるということは、関係性が強くなるということ。

メールだけやりとりするのと実際会って話すのとでは、

受け取る情報が全然違うでしょ？　量も質も。

場所との関係も同じことなの。

あなたとその場所との絆が深まると、そこに関する

いろんな情報やチャンスが流れ込んでくるようになる。

そして、自然とそこに引っ越すような状況が整ってくるのよ。

096

金脈はどこに?

がんばって働いてるし努力もしてるのに、
お金がついてこないという方、
けっこういらっしゃるんじゃないかしら。
かと思えば、汗水たらす様子もなく、
サクッとリッチになっちゃう人もいる。

こういう違いがなぜ生まれるかというと、
それは、金脈を知ってるかどうか。
正確にいえば、「自分の金脈」を知ってるかどうか。
リッチな人は自分の金脈があるところで勝負してて、
お金に苦労する人は、自分の金脈から外れたところに
無駄な労力と時間を割いている——その違いなのね。
自分の金脈じゃないところは、
いくら掘っても無駄です、ハッキリ言って。

ちなみに、自分の金脈がどこにあるのかを
教えてくれるのが、何を隠そう、月星座。
そう、「月星座＝金脈」なのです。

風 の 時 代 は 多 馬 力 で

「風の時代は人とつながる、仕事もチームやグループでやると
よいとのことですが、私は人と関わるのが苦手です。一人でや
るのは駄目ですか?」(F代さん)

いえいえ、駄目じゃないですよ。
でも、一人でできることなんて、たかが知れてると思わない?
どれだけ多才だろうが有能だろうが、
それは所詮、人ひとりの可能性。
イメージできるものにも限界があるしね。

この限界を突破する唯一の方法が、他者の力を借りること。
人と組み、チームをつくることなの。
私自身、会社を辞めて独立した頃はすべて一人で
やってたけれど、その後少しずつ人の力を借りるようになり、
それから徐々に関わる人が増えていって、
今ではあらゆる分野で、本当にたくさんの方々の力をお借りしてる。
そしてわかったのは、関わる人の数が増えれば増えるほど、
自分の可能性も広がっていくということ!

みなさんの中にはF代さんのように
「人と関わるのは面倒、一人でやったほうが気楽でいいわ」
と思ってらっしゃる方も多いと思うの。
でも、一生そのスタンスでいたとしたら、
かなりもったいないと思うなあ。
自分一人では不可能なことも、
人と組むことで可能になるんですもの!
何より、仲間と一緒に大きなものをつくっていく喜びは、
何物にも代えがたいもの。
その喜びを味わい尽くすことこそ、
風の時代の醍醐味でもあるしね。

[Keiko的金言]

098
盛るより、引く。隠すより、見せる

恋をしたとき、自分をよく見せたい、
キレイに見せたいと思うのが女心。
でもじつは、盛るより引くほうが効果的。
見せるなら素顔、素肌。
そして、あなたの「弱み」。

別の道を行ってみる

「私は自分の才能を使っているつもりなんですが、お金が入っ
てきません。どうしてでしょうか?」（A子さん）

原因はいくつかあるでしょう。
もっているものをシェアできているかどうか。
入ってきたものを循環させているかどうか。
人間関係に問題がないかどうか……etc.
と同時にふと思ったのは、
A子さんには違う才能もあるんじゃない?ってこと。
才能や能力って、ひとつとは限らないんですよ。
たいていの人は、3つくらい普通にある。
「えー、ウッソ〜!　私なんかひとつもないのに⁉」という方が
いらっしゃるとすれば、それは考えてるレベルが高すぎるか、
自分自身に厳しすぎるかのどちらか。あるいは、謙虚すぎるか。

たとえば、私の友人Fくん。
彼は大学の頃から「オレは将来、音楽でメシ食ってやるぜ〜」
って豪語してたんだけど、

残念ながら、チャンスはなかなかこなかった。

そこで、持ち前のクリエイティブセンスを使って、

デザインの仕事を始めたのね。

そのうちCDジャケットのディレクションもやるようになり、

そこから音楽業界の人とつながって

ミュージシャンとしてデビューも果たした。

でも、その後もオファーがくるのはなぜか、前の仕事のほう。

そんなわけで、F君は結局、

デザインの仕事に専念することになったの。

何が言いたいかっていうと、まず才能はひとつじゃないし、

そして、自分が考えているのとは別のほうが、

花開くこともあるってこと。

F君の場合、ミュージシャンとしての才能もあったにせよ、

お金を生んだのはクリエイティブセンスのほうだった。

そう、金脈は1本逸れたところにあったの。

A子さんもきっと、ほかに得意なことがあるんじゃないかしら。

「そういえば、○○もできる」というものがあるなら、

試しにそれをやってみるのもいいんじゃない?

リッチに通じる道はいくらでもある。

大通りを行って進まなかったら、違う道を行ってみればいいの。

仕事選びの基準

仕事は、
「あなたがいちばん輝けるもの」を
ベースにしてください。

どんなことをしているとき、何をしているとき、
あなたがいちばん輝いて見える（と思う）か──
フォーカスすべきは、ここ。

・大勢の前で話をしているときなのか
・お客様に接しているときなのか
・生徒たちに教えているときなのか
・お料理をしているときなのか
・研究に没頭しているときなのか……etc.

まずは、それを見極める。
それをベースに、
あなたなりの色をつけていくのです。

いちばん輝いて見えるということは、
その表現法があなたに合っているということ。

これを基準に選ぶと、人に愛を与えようとか、
どうやったら人を幸せにできるかなんて、
わざわざ考える必要がありません。

だって、輝くあなたが仕事をしているだけで、
まわりは十分、愛とパワーを享受できるんですもの！

私たちはとかく
「一生懸命」とか「真面目にコツコツ」を
美徳と思いがちだけど、ハッキリ言いましょう。

これ、お金とは一切比例しません。

お金が比例するのは、愛と笑顔と喜びだけ。

これこそが、豊かさの正体なのです。

101

価値をおくもの

仕事というのは本来、
「自分に与えられている資質を活かすもの」
であってしかるべき。
それが仕事の正しいあり方です。

私がいただくお悩みの中には恋愛・結婚と並んで──
いえ、それ以上にお金に関するものが多いのですが、
そのほとんどは、自分の資質を活かせる仕事をすることで、
ほぼ解決できちゃうの。

よろしいですか、みなさま。
もらう額で仕事を選んでいる限り、
いま以上のお金は入ってきません。
そういう選び方で本来の仕事はできないし、
ましてや、天職になんて出会えるはずがない。
仕事というのは、
自分の資質や適性を活かせるかどうかで選ぶもの。
それ以外のものは二の次ですよ。

とはいえ、現実問題として、

自分の適性がわからないという方も多いわよね。

その場合は、あなたが価値をおいているものを考えてみて。

「私にとって、食べることは生きがい」というなら、

料理やフード、飲食関係。

「学ぶことが人生の醍醐味」と思うなら、

教育やセミナーに関わること。

「旅以上に価値あるものはない」と感じてるなら、旅行関係。

「なんたって健康第一」というポリシーがあるなら

やはり健康関連がいいだろうし、

「美しくあること」に最大の価値をおいているなら、

美容関係でとことん美を極めればいい。

ちなみに私はいまのところ、

「情報」にかなりの価値をおいてる。

だからこそいろんな形で情報を提供し、

それを仕事にしているわけね。

価値があると信じるものになら、

時間とエネルギーを注ぐのに躊躇（ちゅうちょ）はないでしょ?

それは仕事というよりむしろ、投資に近いかもしれない。

そこに注いだ時間とエネルギーが、

結果的に大きなリターン（お金）を生むわけだから。

102

仕事は表現手段

十分な収入を得たかったらまず、
仕事に対する意識を変えてください。
お金がない人は、仕事を「生活するための手段」
ととらえてるの。働くのは生活のため、お金のためだと。
でも、そうじゃない。仕事は、自分を表現するための手段です。
もっというなら、人に愛を与えるための手段。

「あなたなら、どういう形で人を幸せにしますか?
その表現方法を具体的に示してください」

この問いに対する答えなんですよ、仕事というのは。
私たちは宇宙に、つねにここを問われているの。
宇宙のこの問いかけに対し、実際行動で示した人に
ご褒美がくる——それが、「お金」。

仕事を「生活のための手段」ととらえているかぎり、
十分なお金は入ってきません。生活できる分しか入ってこない。
当たり前でしょ?　自分がそう決めてるんだもの。

仕事をお金で選んでしまうと、いつまでたっても「ホーム」――
あなたが本当にいるべき場所――には近づけない。
魂が満たされないから、「これでもない、この仕事も違う……」
と転職を繰り返すことになるの。
もし、あなたがいま「なんか割のいい仕事ないかな」
などと考えてるとしたら、いますぐ意識を変えてください。
「仕事は私を表現する手段、人に愛を与える私なりの方法」
というふうに。

お金って、すごくシンプルなのよ。
お金には感情があるわけじゃない。
感情がないから、恋愛とか人間関係みたいにややこしくない。
あなたの意識の通りに動くのです。
お金を「生活するための手段」と考えていれば
生活に必要な額しか入ってこないし、
「人生を楽しむための手段」と思っていれば、
楽しめる額が入ってくる。
「人を幸せにする手段」ととらえていれば、
まわりを幸せにできるほどの額が入ってくるの。

これ、机上の空論じゃありませんよ。
すべて私が体験、実証済みです。

103

分身の術

ソウルメイトに出会いたいなら、まわりの人を大切にすること。

いまいる人、これから出会う人はすべて、

あなたの「分身」と考えて。

出会う人、接する人を大切にすれば、あなたはその人たちに、

いいエネルギーを与えることになるでしょ?

あなたからいいエネルギーをもらった人たちはその後、

それぞれいい人を引き寄せることになる。

そうやって、私たちは接する人を通して、

自分自身のエネルギーを拡大していくの。

自分ひとりでソウルメイトを

引き寄せようっていうのは、かなり難しい。

人ひとりの力なんて、たかが知れてるもの。

そうではなく、あなたの分身をつくっていくの。

あなたが大切に接する人はすべて、あなたの分身であり、

あなたの「息がかかった人」。

あなたの分身が増えれば、

あなたのエネルギーはどんどん拡大していく。

そうやって、やがてソウルメイトが引き寄せられてくるのよ。

104

プアな人は
「何を買うか」に意識をおき、
リッチな人は
「誰から買うか」にこだわる

リッチマインドのもち主が重視するのは、
何を買うかより「誰から買うか」。
そもそもお金は、
モノではなく「人」についてまわるもの。
共感できる人から買う、対応のいいお店で買うなど、
あなたが心地よく感じる相手とつながって。
お金は人を通してやってくるのだから。

105

世界平和のために、
できること

30年ほど前、湾岸戦争が勃発したときのこと。
街の中華屋さんで同僚とランチをとっていると、
テレビ画面が突如切り替わり、
ブッシュ大統領の演説シーンが映し出された。

「イラクを攻撃することがいかに正しいか」を
声高に唱えるブッシュ大統領を見て、
私は一瞬、背筋が凍りついた。
ブッシュ氏の波動が、身の毛がよだつほど刺々しかったから。

私は物心ついたときから波動が見えるのですが、
そのときのブッシュ大統領の波動といったらまるで、
剣山のスーツを着ているかのよう。
有刺鉄線のようなギザギザした波動を見て、
「ああ、これが争いの波動なんだなあ」と、
なんともいえないもの悲しい気分になったのを覚えてる。

でも、本当にギョッとしたのは、その後。

40代くらいの男性がいきなり店に飛び込んできて、
「お前、釣り銭違うやんけー！ この店詐欺と違うか？
金返せー！」
そう言いながら、ものすごい剣幕で店の人を怒鳴りつけたの。
その男性を見て、私は思わず、目を疑った。
その人の波動が、ブッシュ大統領とまるで同じだったから！

そのときわかったの。「クレームも戦争も同じなんだ」って。
自分の正しさを主張し、相手を非難・攻撃するという意味で
クレームも戦争もなんら変わらない——
それを、2人の波動がハッキリ教えてくれたのね。

考えてみれば、
戦争はもともとクレームから始まってるわけで。
戦争はそれが国家規模というだけのこと。

世界平和、戦争反対と言いながら、
人を責めたりクレームをつけるなんてことを
もし日常的にやってたとしたら、それは矛盾もいいところ。
それって、小さい戦争を起こしてるのと同じだもの。
まずは自分自身が、人を責めることをやめなければ。
トゲのない、心穏やかな人にならなければ。
それこそが、世界平和への最大の貢献じゃないかしら。

106

うまくいかない理由

「会社を解雇されてから、その後の仕事運もよくありません。現在は○○をしておりますが、とにかく仕事を辞めて身体を休めたいと日々思います。このもがき苦しむ状況をどのように打破したらよいのでしょう?」(R奈さん)

運ってほんと、シンプルなのよ。
自分に相応しいことをやっていればうまくいくし、相応しくないことをやろうとすればうまくいかない。それだけなの。
運は「運ぶ」という字でしょ?
つまり、「うまく運ぶもの(=うまくいくもの)」こそが運なのね。
であれば、うまくいかないものにはさっさと見切りをつけること。
うまくいくものだけを追っていけば、
運はおのずとよくなりますよ。

自分に相応しくないことをやろうとすれば、
うまくいかないのは当たり前。
宇宙が止めにかかるからです。
これって、ありがたいことだと思わない?

「ちょっとちょっと、そっちじゃないでしょ」

って教えてくれてるんだもの。

解雇って、表面的には

人が下した決断のように見えるけど、じつはそうじゃない。

糸を引いているのは宇宙——

宇宙からの「進路変更サイン」なのですよ。

R奈さんの場合、身体からもNGサインが出てるわけだから、

これまでの仕事がR奈さんに相応しくなかったことは明らか。

これを機に、「おもしろそう」と感じるものに

トライしてみてはいかが?

仕事を選ぶときは、

経験や知識を活かそうなんて考えなくていいと思うの。

過去の経験を活かそうとすればするほど、

自分に制限をかけることになるから。

そもそも、それがあなたに相応しいものだったとは

限らないでしょ?

最低限、やっていて楽しいと思えるものを選ぶこと。

楽しめることをやっていれば、それはもはや、仕事じゃなくなる。

「好きなことをやってるだけでお金がもらえる」という、

最高の人生になるのよ。

107

オファーは受けてみる

私の友人、S子ちゃんの話。
S子ちゃんはあるとき、
法務部への異動を言い渡されたのね。
それまで某飲料メーカーの宣伝部という花形部署にいて、
華やかな生活を送っていたS子ちゃん。

法務部という地味でお堅い部署への辞令にショックを受け、
泣く泣く法務部へ異動。
すると、S子ちゃんに意外な変化が起こった。

今でもよく覚えてるんだけど、半年くらいして
S子ちゃんと会ったとき、こんなふうに言ったの。
「法務の仕事って中途半端にやっても面白くないと思うの。
そんなの、時間を無駄にするだけ。
どうせなら専門家を目指すわ」
そしてその言葉通り、
法律の専門学校に通いだしたのね。

その学校は弁護士を目指して通う人が多かったらしく、
そんなクラスメートに感化されてか、
S子ちゃんの口から出てきたのは
「私も弁護士目指そうと思う」という言葉。

結果として司法試験に受かることはなかったものの、
そんなことより、意外な展開が。

S子ちゃん、司法試験を目指すなかで、
勤務している会社の顧問弁護士さんと
めでたくゴールインしちゃったのですよ！

結婚とほぼ同時に、
ご主人はそれまでの事務所を辞めて独立。
自分の法律事務所を開業したんだけれど、
そのとき「S子に法律の知識があるから心強い」
というのが独立の決め手だったらしい。

S子ちゃんが気乗りのしない法務部へ異動し、
その流れで法律を学んだことには、
やはり意味があったというわけ。
来た流れには乗ってみるものよ。

108

選択のベストタイミング

3週間ほど続く水星逆行期間のなかで
とりわけ意識してほしいのは、
水星が「順行に戻る直前」。

逆行を続けていた惑星が順行に戻る直前って、
一時的にがくんとスピードが落ちるのね。
クルマでUターンしようと思ったら、
いったんスピードを落とさないといけないでしょ。
それと同じね。

水星がそういう状態にあるときってじつは、
選択・決断にちょうどいいタイミングなのです。
たとえば、もうそろそろ決めなきゃいけないのに
迷ったまま結論が出ないことってあるじゃない。
そんなふうに決断を先延ばしにしてきたものは、
水星が逆行から順行に戻るタイミングを利用すると、
いい決断ができるの。

そもそも水星逆行中は、
いろいろ調べたり研究・調査するのに絶好のタイミング。
新しいことを始めるには向かないけれど、
内容をじっくり精査するには最適なときなのね。
そんな逆行から順行に切り替わるときは、
逆行中に蓄積した知識や思考が
「判断力」という形に昇華する。
いちばんいい選択をするために、
水星のエネルギーが働いてくれるのね。

ちなみにみなさま、
知識や情報ってなんのためにあるかご存じ?
それは、「決断」のため。
自分にとって最適な決断をするために、
知識と情報を使うのです!

水星が逆行してる間は知識や情報を「精査」し、
逆行から順行に切り替わるタイミングで「決断」。
そして、水星が順行に戻ったら「一歩踏み出す」——

情報の星・水星はぜひ、こういうサイクルで利用してみて。
きっといい決断ができるはずだから。

109

サインは速い

宇宙への「問いの出し方」について
よくご質問をいただくのですが、
これ、決まったやり方って別にないんですよ。

強いていうなら
「〜しようと思うけど、どうかしら?
もしOKならOKサイン見せて!」
というパターンがわかりやすいんじゃないかしら。

ちなみに、OKサインの形はさまざま。
文字通り「OK!」と書かれた看板だったり、
雑誌のページだったり、
「キ〜ンコ〜ンカ〜ンコ〜ン♪」という鐘の音だったり。
大好きな香水をつけた人とすれ違うのも、
私にとってはOKサインのひとつ(何がOKサインになるかは
人によって違うので、このあたりは経験が必要)。

あるいは、「OKだったら○○○を見せて!」

というふうに、サインを限定しちゃうのも手。
こちらのほうが迷わなくていいかもね。
どちらのやり方でも、しっくりくるほうでいいと思うわ。

それよりも、大事なのは
「サインをキャッチするまでの時間」。

宇宙はね、あまり間をおきません。
速いです、すごく。
YESであれNOであれ、けっこうすぐサインを送ってきます。

なので、質問してから2時間後にきた……
なんていうのは、サインとは思わないほうがいい。
まあ、このあたりの感覚は、ちょっと慣れが必要かも。

いずれにせよ、
「宇宙に質問→サインをキャッチ」を繰り返し、
宇宙とのラポールがしっかり出来上がってしまうともう、
こちらから聞く必要すらなくなっちゃう。

こちらから問いを発しなくても、必要な時に必要なサインを
宇宙が勝手に降ろしてきてくれるようになるの。
それはもう、絶妙なタイミングで。

110

大きな受け皿

大きな金運を引き寄せたいと思うなら、必要なのは、受け皿。
ただの受け皿じゃない、「大きな受け皿」です。
もっというなら、「超ビッグな受け皿」！

お金って、その人の器（＝受け皿）に応じた額しか
入ってこないんですよ。
そしてこれは、運もチャンスも同じこと。
つまり、人生においては
「自分の器に合ったものしか与えられない」ということなのね。

ちなみにこういう話、耳にしたことないかしら。
「高額宝くじが当たった人は、その後不幸になる」
これ、正しくはこういうこと。
「それだけの器がないのに高額宝クジが当たった場合、
不幸になることが多い」

たとえば、私の知人に以前、高額当選を果たした
Ｈ氏がいるんだけど、彼はすっごく度量の大きい人。

人間的にも、考え方もね。

このH氏の場合、当選してからも全然、不幸になんかなってない。

それどころか、資金をもとに高齢者施設や地域密着型

クリニックを立ち上げ、その後も着々と事業を拡大し続けてる。

つまりH氏は、高額なお金を受け取るに相応しい

受け皿をもっていたわけ。

こちらが大きな受け皿をもってさえいれば、

大きなお金はなんなく収まる。

不幸になんて、なりようがないのよ。

逆に、こちらがちっちゃな受け皿しかもっていなかったら、

運もお金も収まりきれない。

しょうゆ皿にステーキをのせるのが無理なようにね。

豊かになりたいならまず、自分自身の器を拡大すること。

度量の大きな人間になることです。

度量とお金——関係ないように見えてこの2つ、

エネルギーレベルでダイレクトにつながってる。

エネルギーって、そういうものです。

私のまわりを見ていても、リッチな人はみな、度量が大きい。

やっぱり心の広さ、思考の大きさなのよね、

豊かさを引き寄せるのは。

お金だって、懐の深い人が好きなのよ。

111

敵視より共存

カルマについて聞かれることが多いので、
私の考えを書いておきましょう。
「カルマ」とは今世取り組むべきテーマ、課題のようなもので、
本人にとっては、苦手意識となっていることがほとんど。

ちなみに苦手意識というと「克服すべきもの」と捉えるほうが
多いと思うんだけど、私はこれ、
完全に克服する必要はないと思うの。
だって、テーマがなくなっちゃったら困るでしょ？
残りの人生、やることがなくなっちゃう（笑）。
まあ、それは冗談としても、
「あ、少しずつ苦手意識がなくなってきてるな」
と感じられたら、それでもう大成功。
7割くらい克服できたら万々歳。100％と同じです。

弱点や欠点は、「悪者扱いしないこと」。これが大事ね。
テロでもなんでもそうだけど、
相手を敵視するかぎり、それは永遠になくならない。

今世の課題として与えられたテーマを
克服しようとすると、かえって苦手意識が強くなっちゃうの。
それより、共存しましょうよ。
克服ではなく、一生かけて取り組む「研究課題」と捉える。
学者や教授がそうであるようにね。

今世のテーマというのは、愛や人間関係、
魂の在り方を学ぶためのフィルターなんです。
人はそれぞれ、そのフィルターを通して
人生のすべてを学んでいくの。
そう考えると、別に克服する必要はないと思わない?

たしかに、そのテーマを通して
苦しみを味わうことも多いでしょう。
でも、だからといって、
それを「諸悪の根源」みたいに捉える必要はなくて。
むしろ、自分を成長させてくれる、
ありがたいレッスンと思えばいいんじゃないかしら?

苦手を克服しようと努める一方、
自分の強みに目を向け、それを伸ばす努力をする。
そうやって自信をつけていくと、
いつの間にか弱点が弱点ではなくなっていたりするのです。

112

ソウルメイトもどき

本物のソウルメイトに出会う前、
「もどき」が登場するケースはかなり多い。
そうねえ……7割くらいの人は「もどき」の洗礼を受けるかな。

もどきなんていうと悪いイメージがあるかもしれないけど、
ソウルメイトもどきは、決して悪者じゃない。

ソウルメイトもどきはむしろ、本物に出会う前の
ウォーミングアップ相手として登場してくれる、
ありがたーい存在なのですよ。
まあ、トレーナーってとこかしら。
本番に臨む前は、適度なウォーミングアップが必要不可欠。
だから、もどきとの関係も大切にしなくては。

とはいえ、その人がもどきかどうか、
付き合っているうちはわからない。
本物に出会ってはじめて、
「あ～、あの人はもどきだったんだ……」ってわかるの。

大切なのは、相手が誰であれ、真摯に向き合うということ。
誠意をもって付き合うことです。
そして、自分の気持ちをきちんと伝える。
素直になる練習をするの。
そう考えるとソウルメイトもどきって、
かなりありがたいと思わない？
あなたが運命の人と出会うための練習台を、
自ら買って出てくれてるんですもの！

愛すること。
信じること。
伝えること。
誠実であること。

相手がもどきであれ本物であれ、
あなたがあるべき姿は何ひとつ変わらない。
その中で、縁ある者は残り、
縁のない者は離れていくだけのこと。

もどきが登場したら、本物との出会いも間近。
角を曲がった、そのすぐ先にいるかもね（笑）。

愛とお金の違い

世の中には、愛とお金を
まったく別物と思ってらっしゃる方もいるようですが……
とんもなーい！

この2つは同じエネルギーですよ。
そう、コインの裏表。

お金は、愛というエネルギーが物質化したものなの。

とはいえ、愛とお金がまったく同じかといったら、
そういうわけでもなく。
お金の場合、扱い方でその性質がまるで変わってしまう──
これが、両者の決定的な違い。
包丁が便利な道具にも凶器にもなるように、
お金は低俗なものにも崇高なものにもなり得るのね。

たとえば、自分の利益を優先させてお金を貯め込んだり、
はたまた自分の欲望を満たすためだけに使ったりすると、

お金は一気に低俗なものになっちゃう。

逆に、愛ある仕事をして
入ってきたお金を自分の成長のため、
あるいは世の中や人々の幸せのために使うと、
同じお金であっても崇高なものになるのね。

その人の意識と扱い方によって天と地ほどの差が出る——
それが、お金。

となれば、お金を「崇高なもの」にできる人に宇宙のサポート
が降り注ぐのは当然だと思わない?

お金は、人々に愛を与えたご褒美。
これが、お金の基本。
豊かさの原点なのです。
このことをしっかり理解していれば、
リッチになるのは別に難しくない。

人は、愛を求める生き物。
だからこそ、それを与えられる人が豊かになっていくの。

引っ越しの作法

引っ越しして新居に入ったらまず、粗塩をまく。
次に掃除機をかけて、そのあと、
玄関とひとつひとつの部屋にお香を焚いてください。

フランキンセンス香がイチオシですが、
手に入らなければ好きなお香でOK。

そうやって前の住人のエネルギーを完全に消してから
「今日からお世話になる〇〇です。どうぞよろしく」
とご挨拶。

忘れがちだけどこれ、じつはいちばん大切なこと。

部屋であれモノであれ、
まずは「意識を合わせる」ことが先決。
そうやって最初によい関係をつくっておくからこそ、
住まいを味方につけることができるの。
これだけで住み心地が違ってきますよ。

１１５

プアな人は
贅沢を「敵」ととらえ、
リッチな人は
贅沢を「投資」と考える

「贅沢は敵」などと思っていませんか？
でも、贅沢を知らずにリッチマインドを創るのは、
肉なしにステーキをつくるようなもの。
多少の贅沢は浪費ではなく、
リッチマインドを創るための必要経費。
自分の細胞に豊かさの波動を
刻み込むために必要なことなのです。

116

マゼンタパワーで
ギャップを埋める

「Keikoさんの"子宮挟みうちマッサージ"なんですが……わたしは約9年前に子宮や卵巣をすべて切除しております。その場合、お腹に話しかけるようなことをしてもよいのでしょうか?」（T子さん）

結論からいうと、まったく問題ありません。
問題ないどころか、細胞がすごーく喜びますよ、きっと。

身体の一部を切除しても、エネルギーは相変わらずそこにある。
物理的になくなっても、エネルギーだけは残るのね。
これ、肉体に限ったことじゃありません。
ものでも場所でも、すべて同じ。
物件を見に行くと、
前の住人のエネルギーを感じることがあるでしょ?
知らない土地に行って、ゾクゾク感を覚えるところは、
その昔、戦場だったりする。
これは、昔のエネルギーが残ってる証拠。

身体も同じことなの。

一部を切除しても、そのエネルギーは依然として残ってる。
ただ、まわりの細胞たちはそれがなくなったことを知らずに
動いていることが多いから、そこに、ある種の温度差が生じる。
不調というのはいわば、
細胞の記憶と現実との間に生じるギャップなのですよ。

このとき、細胞たちは
「あるはずなのに、なんかおかしいなあ……」
と感じてるわけなので、肉体のもち主としては、
細胞の記憶に合わせてあげるといいの。

つまり、切除された部分がいまだ「あるもの」として振る舞う。
それが子宮であれば、マゼンタ色の愛のエネルギーをイメージ
しながら、子宮挟みうちマッサージを行えばいいしね。

意識と細胞はダイレクトにつながってるから、
そうすることで細胞が「あ、やっぱりあるよね」と安心し、
ギャップ（違和感）がなくなる。
すると体調もよくなっていくのよ。

117

習慣化は新月から

財産には2種類あるのをご存じ?

ひとつは土地、家、お金、クルマといった、物質的な財産。

もうひとつは能力、才能、センス、感性、知識、体験といった、

非物質的財産。

まあ、有形文化財と無形文化財の違いです、

簡単に言っちゃえば。

お金や所有物といった形ある財産の場合、

ともすれば一瞬にして失ったり、

そうでなくても目減りしたりするけれど、

形なき財産に関してはそれがない。

そう、目減りがないの!

それどころか、積み重ねれば積み重ねるほど、

それを続ければ続けるほど大きくなり、

自分自身の血となり肉となっていく。

使うことによって目減りするかしないか——

これが、形ある財産と形なき財産との、決定的な違いなのね。

ちなみに、後者において
もっとも価値あるもののひとつが、「生活習慣」。
となれば、よい生活習慣を身につけることが
一生の中でいったいどれほどの恩恵をもたらすか……
推して知るべしじゃない?

「でも、習慣にするのって難しいのよね」
そう思った方もいらっしゃるでしょう。
たしかに、よいことを習慣にするのはたやすいことじゃない。
だからこそ、三日坊主なんて言葉もあるわけで。
でも、これってタイミングなのよ。
つまり、「いつ始めるか」の問題。

習慣化しやすいのはなんといっても、新月のとき。
なかでも牡牛座・乙女座・山羊座という「地のサイン」で
起こる新月は、習慣化のベストタイミング!
この新月で始めたことは習慣になりやすい —— つまり、
「一生ものの財産」をつくる絶好のチャンスなのです。

＊乙女座新月：2024年9月3日、2025年8月23日
　山羊座新月：2024年12月31日、2026年1月19日
　牡牛座新月：2025年4月28日、2026年5月17日

118

魔法の言葉

「風の時代、いちばん必要な能力は何ですか?」
この質問を受けたときの、私の答えは決まってる。
それは、「コミュ力」。コミュニケーション力ね。
才能、能力、スキル、感性、センス……
どれも大事だけれど、それを凌ぐのが、コミュ力。

風の時代ってつまるところ、チームワークなんですよ。
個人がパワーをもつ時代ではあるけれど、
それは孤立とか一匹狼ということでは、決してない。
一人一人が自立して生きていくべき時代だからこそ、
チームを組む。人とつながるのです!

そんなとき、何より大事になってくるのがコミュニケーション。
素直に気持ちを伝える、自分の意見をきちんという、
人に優しい言葉をかける、相手の話をよく聞く……
そんなことがごく自然にできれば、
風の時代のコミュ力としては合格点なんじゃないかしら。

ちなみに、コミュニケーションの手段として

積極的に使ってほしいのが、相手を「褒める」こと。

お世辞とは違いますよー。

「素敵だな」と感じたことを素直に口にする。そういうことです。

人を褒めるって、じつはとっても大切なこと。

何より、パワーがある！

「褒めること＝愛を与えること」ですもの。

褒められて嫌な気分になる人はいないし、

褒めている自分も心地いいでしょ？

ほんのちょっと相手を褒めるだけで、

緊張した空気が一気に和んだり、

眉間にシワ寄せてた人が、笑顔になったりもする。

相手との距離感も縮まるし、いいことずくめなんですよ。

ほんと、褒めることは偉大です。

魔法の言葉に近いかも。

近頃ツキがない、運気が落ちてる気がする……

そんなときほど、褒め言葉を口にしてみて。

誉め言葉って、それだけで十分波動が高いから、

マイナスをプラスに変えることすらできちゃう。

これ、世界一カンタンな運気アップ法。

119

決め手は安心感

ソウルメイトと出会ったときの感覚って、
恋に落ちたときとはちょっと違います。
ソウルメイトははじめて会うのになぜか懐かしく、
まるで昔から知っているような気がする。
身構えることなく素の自分でいられ、そして何より、守られてい
るような安心感があるの。つまり、「不安がない」。
不安というのはそもそも、
それを失うかもしれないという恐れからきてるのね。
恋人、地位、お金、健康……なんだってそう。
私たちって、一度手に入れたものを失うのが大嫌いだから。
でも、ソウルメイトの場合は、それがない。
ずっと一緒にいられることを潜在意識が知ってるから、
不安にならないの。
「彼が"もどき"だったことがわかり、立ち直れずにいます」
というメールをときどきいただくのですが、でもね。
もどきも必要なんですよ。
本物が現れたとき、違いがわかるから。
安心感の、本当の意味がわかるから。

意味のない出会いなんて、ひとつもありません。

ウォーミングアップの相手をしてくれた、もどきくんに感謝しなきゃ。

相手の幸せを願うことです。マゼンタ色の愛をこめてね。

そうそう、「彼は私のソウルメイトでしょうか?」

というメールもよくいただくのですが、

私に聞かなきゃならないほど不安になるっていう時点で、

その人はすでにソウルメイトじゃない。

きついことを言うようだけど、多分ね。

その人が本物であれば、

数十兆個の細胞がこぞってこう叫ぶはず。

「YES, he is!!」。

細胞たちの "YES" の合唱——これこそが、安心感の正体。

ソウルメイトと普通の恋人の違いは、まさにこれなのです。

［Keiko的金言］

120
恋愛は得点ではなく芸術点

恋はとびきりエキサイティングなゲーム。
でも勝ち負けを競うゲームじゃない。
むしろ、相手の心を虜にできるかどうか。
振り向かせたいなら心通わせ、
寄り添う姿勢を見せて。

121

「変化せよ」の合図

「○○に15年以上没頭してきた私ですが、一旦それをお休み
して美術系の専門学校に入学しようか迷っています。だけど
モチベーションが持続しないのは、宇宙君からのストップがか
かっているからなのか、単に自分の心身が疲れているからなの
か、わからないのです」(S代さん)

「いままさに行動のときなのにエンジンがかからない、
どうすればいいの?」というご質問ですね。
人間ってね。まったく同じことを7年以上続けると、
生命力が枯渇してしまうの。違う言い方をするなら、
「新しいことにチャレンジする勇気がなくなる」。

なぜって、細胞の意識は7年が一区切りだから。
私たちが動きのない状況に7〜8年くらい居続けると、
「さて、そろそろ切り替えが必要だな」と細胞が察知し、
私たちに合図を送ってくるようになってるのね。
最近、仕事がつまらなくなった、
まわりと話が合わなくなってきた、なんか違和感を覚える──

そんな感覚がまさに細胞からの声であり、変化を促す合図。
「そろそろ変化が必要なんじゃない?」っていう、
細胞からのお知らせなのね。
これが、惰性に流されて生命力が枯渇しないための
細胞サイクルなのです(裏でコントロールしてるのは土星)。

にもかかわらず、この細胞からの声を無視して
ずっと同じことを続けると、細胞たちがこう思うの。
「あれ、合図出したのに無視されちゃった。じゃあもう、これか
ら合図するのやめよ」って。つまり、細胞が臆病になる。

すると、どうなるか?
新しいことに挑む勇気がなくなるのですよ。
S代さんの場合、15年間同じことをやってきたわけだから、
少なくとも1度、細胞の声を無視してる可能性があるわよね。
そう、細胞が臆病になってる。
それが「モチベーションが続かない」という状態を
引き起こしてるんじゃないかしら。
というわけでS代さん、私としては、自分でお尻に火をつけてで
も、次のステップに進むことをおすすめします(笑)。
新しい風を吹き込めば、細胞たちも元気を取り戻しますよ。
「うわ、ヤバイ! そろそろ本気ださなきゃっ!」ってね。

122

水 に 流 す

「彼からの突然のメールが、私と娘に。2人に会って話したい。
謝って今までのことを前向きに清算したい、と。たった半日の
再会でしたが、彼ははるばる〇〇まで昨日やって来ました。
これからは、もう夫婦という関係ではないけど、いろいろなこと
を話し合える新しい関係が再スタートしそうです」（T子さん）

T子さんのメールを読んで明るい気分になったのは、
決して私だけではないでしょう。
まるで一陣の風が吹いたような爽やかさ。
突然出て行ったご主人が8年経って、突然会いにやってきた。
普通なら、恨み節のひとつも言いたくなるでしょう。
でも、T子さんにはそれがない。微塵もない！
当初、複雑な思いがあったことはT子さんも書いてらっしゃる。
でも、そんな過去の思いもサラリと水に流し、再会を喜び合っ
た……素晴らしくないですか？　なんという心の広さ！
「私はとても、そんなふうに割り切れない！」
という方もいらっしゃるでしょう。
いらして当然だと思うの。

でも、運を上げたいのであればT子さんレベルを
目指してください。ネガティブな感情は溜め込まないこと。
ネガティブな感情をもつこと自体は、別にいいんですよ。
でも、それを長期間溜め込んだままにしておくのは問題です。
ネガティブな感情は長くもっていればもっているほど、
重く大きく、かたくなってあなたの波動を引きずり落とす。
こうなると、いくら月星座を強化しようが
開運アクションをやろうが、意味ありません。
運、チャンス、愛、お金といった波動の高いものは、
波動の低いところ（人）には決して寄りつかないから。

みなさんの中にもし、願いが叶わない、運が全然よくならない、
という方がいらっしゃるなら、もしかすると、
そのあたりが原因かもしれない。
心や感情の浄化ができておらず、そのために
自分自身の波動が低くなってしまっているのかも。
とはいえ、落ち込む必要はありません。
心の浄化さえちゃんとできればいいんですもの。

心の浄化って、簡単に言うと「水に流す」──
これだけです。本当にこれだけなの。
水に流すことさえできれば、それで心の浄化は完了なのです。

123

収入の桁を増やすには

収入を大幅アップさせたいなら、ポイントは2つ。
ひとつは、「生まれもった自分の才能、資質、感性、センス」
をとことん使うこと。
後天的に身につけたものではなく、
「生まれながらにしてもっているもの」。これが、条件です。
なぜか？　生まれもったものって青天井なんですよ、伸び代が。
「生まれもったもの＝宇宙からのギフト」なので、
供給元が無尽蔵（笑）。
逆に、後天的に身につけたものとなると、そうもいかない。
上のレベルにいけばいくほどさらなる努力が必要になってきて、
場合によってはエネルギーが枯渇してしまうの。
ストレスがかかるのね。

生まれもった才能なんていうと、
「私にはそんなものありません」などという方もいるけれど、
いえいえ、そんなことありませんよー。
才能という言葉、もっと軽くとらえてほしいの。

・物心ついた頃から自然にマンガを描いていた

・歌を歌うとみんなに褒められる

・料理本を見なくてもレシピが次から次へと浮かんでくる

・人前でしゃべるのがたまらなく快感！

こうしたものはすべてその人の才能であり、能力。

ね、思いつくものが何かしらあるでしょ？

そして、もうひとつ。

同じくらい重要なのが、

「入ってきたお金を循環させる」こと。これです。

収入を大幅に増やしたいなら、

入ってきたお金を循環させることは、必要不可欠。

お金を得たら貯め込むのではなく、

それを「さらにお金を連れてくるもの」に投資して、

自分のもとに入ってくる額をガツンと増やす——

この循環こそがポイントなのね。

ベストの投資先はその人の月星座によって違うものの、

全員共通、しかもハズレのない投資先はズバリ、「勉強」。

資格取得やスキルアップのための勉強はもちろん、

旅行やお稽古事、趣味を通して知識と見識を広げるのも、

立派な勉強よ。

124

身体のサイン

体調がよくないというのは、身体からの「NGサイン」。
身体を構成している数十兆個の細胞たちが、
こぞって「NO」を言ってるわけ。
私たちって体調が悪いと、
「もう歳だから」「ここずっと忙しかったから」などと
年齢や忙しさのせいにしがちだけれど、必ずしもそうじゃない。
そんなことより、自分に相応しくないことをしたり、
相応しくない環境にいたり、相応しくない人と
付き合っていたりするほうが、よほど体調を崩すの。

とくに慢性的な疲労感や不眠は無視しちゃいけない。
これはいってみれば、数十兆個の細胞たちが
「違うんだよ、違うんだってば……」とゴネている状態。
この場合、「自分に相応しくないもの」の正体がなんなのかを
知って、早々に距離をおくのが理想だけれど、
現実的に、いますぐは無理な場合もあるわよね。
であればせめて、身体をしっかりケアしてあげてほしいの。

たとえば、オイルマッサージをしながら
数十兆個の細胞たちに、こう語りかけてみて。
「いつも本当にありがとう。いま無理してもらっててごめんね。
もうすぐいい環境になるからもう少しだけ、頑張ってくれる?」

大切なのは、自分の身体ときちんとコミュニケーションをとること。
そんなふうに、日々身体とコミュニケーションをとってる人と
そうでない人とでは、体調はもちろん、
運や人生までも差がついてくる。

なぜって、身体からのサインがキャッチできる人は、
宇宙のサインもキャッチできるから。
そう。細胞と宇宙はつながってる。
運、チャンス、自然のささやき、細胞の声……
こういう「目に見えないもの」は同じ次元にあって、
すべてシンクロしてるの。

身体のサインは、宇宙のサインと同じ。形が違うだけのこと。
まずは自分の身体に意識を向ける。
大事にする。愛してあげる。
身体を大事にすることは、運をよくする確実な方法のひとつよ。

125

ご縁がないのは
生まれつき?

「私も含め、私のまわりには出会いがなくて困っている女性が
たくさんいます。そういう人たちは生まれつきご縁をもたずに生
まれてきたのか、それともご縁は与えられているけれど何かに
邪魔されてる?　どちらなのでしょう?」(K奈さん)

答えは後者。
「ご縁はあるが、邪魔されている」のほうですね。
よろしいですか、みなさま。
ご縁を与えられずに生まれてきたなどという人は、
この世にいません。一人たりともいない。
そもそも人生というのは、人と交わることで成り立っている。
人間関係ありき、なのです。
であれば、生まれつきご縁がないなどということ、
あり得ないと思わない?

とはいえ、ご縁が用意されていることと、
実際出会うことは別の話。

やっぱりねー、生きていると

どうしてもズレが生じてくるんですよ、運命のズレが。

あらかじめ設定されていた人生の青写真からどんどんズレてい

って、その結果、「出会うはずの人に出会えない」

ということが起きてくる。

でも、ここが宇宙の優しいところ。

じつは宇宙クン、その救済策をちゃーんと用意してくれてるの

ですよ。ズレが生じてしまっている人たちへの救済策を。

それが、日食であり、月食。

私はよく「日食や月食ではなかば強制的な力が働く」

という言い方をするんだけど、これ、別の言い方をするなら、

宇宙からの「矯正作用が働く」ってこと。

日食・月食前後に起こる出来事というのはいわば、

宇宙による「強制的な、矯正措置」（笑）。

運命のズレを矯正し、その人本来の人生へと

軌道修正をはかるために起こることなのね。

大事なのは、それを素直に受け入れること。

それがたとえ、あなたが望まないことだったとしてもね。

それこそがズレの矯正であり、

出会いにつながる道の第一歩なのだから。

126

キライを増やさない

ソウルメイトに出会っている人の共通点は、
人の好き嫌いが少ないこと。
誰に対しても親切。誠意があるの。
少なくとも、私が知っている限りでは、みんなそう。

人間だもの、多少の相性はある。
ソリの合わない人だっているでしょう。
でも、だからといって、その人を嫌う必要はないわよね。
「相性が悪い＝嫌い」とすると、
無駄に敵を増やすことになっちゃう。
人生、敵は少なければ少ないほどいい。
あなたの行く手を阻むものがなくなるから。

相性が悪くたっていいじゃない。
仲良くしなくたって、せめて誠意をもって接しましょうよ。
これができれば、運命の出会いは少しずつ近づいてくる。
見えないところで、一歩一歩ね。

127

運とワイン

運は、私たちが寝ている間に育つのをご存じかしら。

となれば、寝室は「運を育てる場所」。

恐ろしく大切だと思わない?

だから、寝室の波動には本当に気を遣わないといけない。

いくら開運アクションをしたり自分磨きをしたところで、

運を育てるスペース(=寝室)が邪気だらけだったら、

なーんの効果も意味もない。運は大きくなりません。

ワインやビールの醸造所では、

樽の状態や温度に細心の注意を払うでしょ?

それは、おいしいワインをつくるためには、

それに相応しい環境が必要だから。

運もそれとまったく同じ。

運をもっと強く大きくしたいならまず、

運が育ちやすい環境をつくらないと。

そのためには、「波動」。

寝室の邪気を払い、つねに高い波動をキープしておくことが

必要不可欠なのね。

128

土星の置き土産

木星が寛大で太っ腹な上司なら、
土星は無理難題をふっかけてくる、手厳しい上司。
そんなシビアな性質ゆえ、
世の中には土星を疎ましがる人も多いのだけれど、
それじゃあ土星センセがあまりにもかわいそう (泣)。

土星は「安定」をもたらし、
努力を「結果」に変えてくれる惑星。
疎ましいどころか、ありがたーい惑星なのですよ。
そもそも土星がなかったら何も形にならないし、
生活だって安定しない。
私たちが地に足をつけた暮らしができるのは、
土星のおかげといってもいいくらいなのです!

とはいえ、土星が自分の月や太陽の上に乗っかってくると、
プレッシャーがかかるのは確か。
けっこうな責任を与えられるから、ストレスも増えるしね。
でも、それは致し方ないと思うの。

それなりの結果を出そうと思ったら、プレッシャーはつきもの。

なにかに向かって努力しているとき、ストレスもプレッシャーも

まったくないなんてこと、あり得ないでしょ?

そんなストレスフルな日々を

不運ととらえる人もいるでしょう。

でも、私はそうは思わないし、

あなたにもそんなふうに思ってほしくはない。

土星はある意味スパルタだけど、

与えられた責任に真摯に取り組みさえすれば、

きちんと評価してくれる。

それどころか、ビッグなご褒美をくれることさえあるの。

土星が自分のもとに巡ってきたときは

(=2026年1月までは、月か太陽が魚座にある人)、

与えられた責任に真正面から立ち向かうこと。

逃げないことです。

そして、誠心誠意、事にあたる。

これさえできれば、

数年後には満足のいく結果が必ず得られます。

土星センセの置き土産は、

人生最大のプレゼントでもあるのよ。

129

能ある鷹は
逆行中に爪を研ぐ

「逆」という文字の印象なのか、
惑星の逆行はどうしてもネガティブに捉えられがち。

まあ、多少トラブルがあったり
物事の進展が遅くなったりするのは事実だけれど、
とはいえ、「えっ、逆行？　ああやだやだやだ……」
なーんて毛嫌いする必要はまったくないのよ。

逆行期間というのはいわば、
エネルギーを溜め込む時期。

ジャンプするときって、
いったんしゃがまないといけないでしょ？
高いビルを建てたいならその分、
地下を深〜くまで掘らないといけない。

この「しゃがむ」「掘る」にあたるのが、

惑星でいう逆行というわけ。

なかでも冥王星の逆行は、
私たちにとって「底力」を溜め込む時期。
ここでいう底力というのは、
まだ表に出していないスキルや、
開花していない才能と考えて。

冥王星が逆行を続ける約5か月間は、
そういったあなたの潜在能力を磨き上げる絶好のタイミング。
「能ある鷹は爪を隠す」という言葉通り、
虎視眈々と爪を研ぎ続けるのに相応しい時期なのね。

1年の半分近くにわたって逆行を続ける、
最果ての星・冥王星——
その逆行が終わったあと、
晴れて隠した爪を出すべき瞬間がやってくるのです。

＊2024年の冥王星逆行：5月3日〜10月12日
　2025年の冥王星逆行：5月5日〜10月14日

130

月は変圧器

よく聞かれるのは
私が「なぜ月を重視するのか?」ということ。

理由を申し上げましょう。
それは、地球にいる私たちが、
すべての惑星のエネルギーを
「月を通して」受け取っているから。

たとえば、天王星、海王星、冥王星といった、外惑星3つは
とてつもなく大きなエネルギーをもってるけど、
そもそも、地球とあまりにも波動が違う。
そういう次元の違う波動を
私たちがダイレクトに受け取るのって、かなり難しいのね。

でもありがたいことに、
月がそれを地球バージョンに変換してくれているのですよ!
いってみれば、「変圧器」。
日本で使うドライヤーは外国じゃ使えないでしょ?

電圧が違うから。
でも、変圧器を使って電圧を変えれば、
そのまま外国でも使えちゃう。

月の役割も、いってみればそういうこと。
つまり、あまりにも違う惑星たちの波動を、
地球向けにアレンジしてくれてるのね。

それだけに月は
「ほかの惑星のエネルギーを吸収しやすい」
という性質をもってるわけだけど、私たちとしては、
その性質を上手に利用すればいいだけのこと。

たとえば、
月のエネルギーが最高潮に達する新月と満月。
毎月この2つを意識して過ごすだけでも、
私たちは月とリズムが合ってきて、
ひいては、宇宙と同調できるようになるの。

そんな月を、重用しないわけにはいかないじゃない?

131

準備中のサイン

何事にもタイミングってあるわよね。
それが運命のカップルであっても、
その大切さは変わらない。
運命の2人はお互い出会いの一瞬に的を絞って、
無意識のうちに歩調を合わせて生きているの。
だからこそ、「ここで出会うっきゃない！」ってくらいの
神業的タイミングで、運命の2人は出会うわけね。

とはいえ、神業がつねに有効というわけでもなく、
ときどきズレは生じます。
お互い別々の人生を歩んでいるんですもの、
それも無理からぬこと。
カルマを昇華するペースも違うしね。

ソウルメイトと出会ったにもかかわらず
なかなか進展しないというときは、どちらかの準備が
まだできていないというケースがほとんど。
それでも運命の2人であれば、

片方が準備を整えている間に
さまざまなシンクロが起きてくるの。

シンクロは
「もうちょっと待ってて！向こうはいま準備中だから」
という宇宙からのメッセージ。

と同時に
「あなたは正しい道を行ってますよ」
という合図でもあるの。
シンクロが起こり始めたら、進展は間もなくよ。

132
信じることは愛の特効薬

真実を知ることが幸せとは限らない。
「知らぬが仏」の言葉通り、
知らなくてもいいことが世の中には多いもの。
疑うより、信じる。問い詰めるより、スルーする。
ときに水に流すことも必要。

出会いやすい場所

「ソウルメイトに出会う確率が高い場所ってありますか？　ある
ならぜひ教えていただきたいです」（C佳さん）

そうだなあ、あえて挙げるとすれば、

「おめでたい席」かしら。

代表格はなんといっても、結婚式や2次会。

祝賀会、授賞式、○○披露パーティーなんかもそう。

私の身近でも、結婚式でソウルメイトと出会ってる人、

4人くらいいるしね。

逆に、葬儀でソウルメイトに出会ったという人は、

1人も知らない。

ここでも「同じ波動のものは引き合う」という

宇宙の大法則が働いているわけ。

ちなみに、出会いに必要なのは、「場」。

出会いと場所はワンセットです。

ソウルメイトに出会いたいのであれば、普段行くお店もできる
だけ波動の高いところを選んだほうがいいわよね。
いちばんのチェックポイントは、
スタッフが明るくイキイキしていて、笑顔で働いているかどうか。

たとえ格式あるお店であっても、
波動の高いお店はスタッフが笑顔。
眉間にシワ寄せて働いてる人はいないのです。

もちろん、来ているお客さんも。
お客さんをざっと見れば、波動のよしあしはほぼわかっちゃう。

・笑顔の人
・感じのいい人
・品のある人
・みだしなみのよい人
・楽しそうに会話をしている人

こういう人が多ければ、たいてい波動のいいお店よ。

男性こそ月星座

「男性も月星座が重要なのですか?」
「男性も月星座でみるのですか?」

そんなご質問をときどきいただくのですが、
答えは「YES」。

男性の場合、人生における仕事の割合が大きいから、
どうしても「強い顔(=公的な顔)」をつくる必要があるのね。
それが、太陽星座。

とはいえそれは、あくまでも表向きの話。
素顔ではないのよ。
太陽星座は自分を強く見せるための顔であり、
生き抜くための顔。「かまえた自分」なのね。

でも、恋愛や結婚はそうじゃない。
プライベートで求めるのは、戦いではなく安らぎ。
ここで素の自分に戻るわけだから、

出てくるのはやはり、月星座なの。

月星座っていってみれば、その人の「ツボ」。
女性ももちろんそうだけど、男性の場合はとくに、
そのツボを満たしてくれる相手を、理屈抜きで好きになるの。
なぜって、一緒にいて心地いいから。

逆にいえば、誰かに愛されたいなら、
相手のツボを満たす人になればいいってこと。

いろいろなカップルを見てきてつくづく思うのは、
男性は一緒にいて心地いい人を選ぶんだなーってこと。
もちろん、魅力的な人になびくこともあるだろうけど、
最終的に選ぶのはやはり、一緒にいて寛げる相手。
価値観やテンポが合う人。

そして、これらはすべて、
その人の月星座でわかるのですよ。

彼の月星座を知ることが
「最高の戦略」になるというわけね。

135

膿を出し切る

執筆で睡眠不足が続いたある日、突然足元が
フラフラになってきて、瞬間的にバタン！っていっちゃったのね。
家の中だったので大事には至らなかったんだけど、
それでも、倒れた瞬間、自分の膝が顔を直撃して
鼻の下と唇が切れてしまった！（ひえ〜〜〜）
あたたた……と起き上がりながら、思いましたよ。
「あ、なるほど。冥王星の破壊、こうきたか」って。
その後、切れた鼻の下がジュクジュク膿んで、
ギョッとするほど大きいかさぶたができた。
そして、今朝。そのおっきなかさぶたがポロリと落ちたの。
「おおっ、と、とれたーーーっ!!」
喜び勇んで鏡を見ると……あれ？　肌、白くなってない??
ニキビも消えてるし、なんかきれいになった感じ……。
マジマジ顔を見たんだけど、やっぱり一段白くなってる！
またしても思ったわね。「う〜ん。再生、こうきたか」（笑）。

細胞を破壊して膿を出し切ることで、皮膚がきれいになった
──破壊ってつまり、そういうことなのよ。

冥王星が山羊座と水瓶座の境目を
行ったり来たりしているいま、みなさんの中にも「破壊と再生」
の真っただ中にいる方が、きっといらっしゃると思うの。
でもこれ、喜ぶべきこと以外の何ものでもない！
だって、成長のための破壊だもの。
そう。あなたがいま経験してるのは、
より大きく、美しく、豊かになるための破壊。
ヒヨコは殻を破って出てくるでしょ？
次のステージに行くためには、必ず何かを破らなきゃいけない。
そうじゃないと、ダイナミックな変化は起こせないのよ。
もしあなたが、いままさに破壊を経験してるなら、
これを機に「根底から」変えるべき。
ちょっとだけとか、部分的に変えるんじゃなくてね。

何を根底から変えるかは、ケースバイケース。
仕事に再生が必要な人もいれば、
人間関係に必要な人もいる。
仕事と人間関係、プラス健康面にも再生が必要……
という人もいるでしょう。
いずれにせよ、痛みを覚えるのは、はじめだけ。
いったん再生に向かいだせば、感謝の思いがあふれてきます。
「ああ、このための破壊だったのね……」
そんなふうに思える日が、間もなくやってきますよ。

136

お盆と
ソウルメイトの関係

「お盆とソウルメイト？　何か関係あるの？」

ええ、あります。ありますとも！

どちらもご先祖様にかかわることですもの。

ソウルメイトの2人が結ばれる裏には、私たちのご先祖様——

つまり、「一族の意志」がおおいに関係してる。

2人だけの関係ではないんですよ、ソウルメイトって。

そこが、普通の恋人とソウルメイトの、決定的な違い。

私たちって、自分だけの人生を生きてるわけじゃない。

だって私たちのDNAは、ご先祖様から受け継いだもの。

そのなかに、はるか遠い昔のご先祖様の思いが、

連綿と刻み込まれてるんですもの。

私たちの使命のひとつは、

そんなご先祖様の思いを癒やしてあげること。

ご先祖様もやはり、癒やされたいんですよ。

一族のもつカルマを、いい形で昇華させたいの。

でもそれって、子孫に託すしかないじゃない？

自分たちはもう、肉体をもっていないわけだから。

「一族のもつカルマを癒やす」なーんていうと、たいそう大きな

責任というか、何か特別なことをしなくちゃいけないように

聞こえるかもしれないけど、決してそうじゃない。

ただ、愛と喜びに満ちた人生を生きればいいだけ。

もし家系的にもっている才能や能力を子孫たちが

使ってくれれば、ご先祖様はさらに癒やされるわよね。

私たちが幸せな生き方をすると、ご先祖様も癒やされる。

そう、私たちが愛と喜びに満ちた毎日を生きることこそ、

ご先祖様にとって最大の供養になるの。

そんな理由から、ご先祖様はあなたにとって

最高の相手をちゃーんと知ってるんです。

2人が一緒になることによって当人たちはもちろん、

両親や兄弟にまで幸せが行き渡り、

ひいては一族のもつカルマまでも癒やされる——

それがソウルメイト。

ソウルメイトの「ソウル」は2人だけの魂ではなく

「受け継がれてきた魂」を意味するのね。

ちなみに、お盆やお彼岸はこの世とあの世を隔てる壁が

薄くなり、ご先祖様と通じやすくなっているタイミング。

ソウルメイトとの出会いを早めたい方は、

この時期ご先祖さまにお願いしてみてはいかが?

それがご先祖様の願いでもあるわけだから。

137

ピンとくるもの

「宝くじ売り場でお財布を出そうとしたとき、お財布の開け口の金具が取れました。この金具、もう何十回も取れているので、また取れたよ……と思った瞬間、当たる！と確信したのです！また獲れたってことで（笑）。そして今日、宝くじを調べて見たらなんと、本当に当たっていました！」（F世さん）

ピンとくるサインが「すぐさま」返ってくるのは、
紛れもなく宇宙からのメッセージ。

この地球では、時間軸がすべてのベース。
空間でも距離でもなく、「時間」。
タイミングがすべてなのです。
自分が打ったボールを宇宙がすぐ打ち返してくる——
運の流れというのは、この連続で出来上がっていくの。
サインも同じこと。
運命の一部としてすでに決まってることに対しては、
こちらが聞いた瞬間に答えが返ってきます。
それとね。サインの解釈の仕方には、決まりがない。

どう解釈しようが、あなたの自由。

あなたが瞬間的に感じたこと——それが正解なのです。

たとえば、Ｆ世さんはこうおっしゃってたでしょ。

「また取れたよ……と思った瞬間、当たる！と確信したのです！また獲れたってことで（笑）」

金具が取れたら普通なら

「あ〜ハズレだ」と思ってもよさそうなものを、

Ｆ世さんは「また獲れた！」って解釈してる。

これが、ピンとくるってことなのね。

サインというのは本来、その人にしかわからないもの。

その人にしかわからないものであればあるほど、

サインの意味合いは強くなるの。

それは、宇宙とあなたの暗号みたいなもの。

忍者甲：「うみ」

忍者乙：「やま」

みたいな（笑）。

このパターンが出来上がったら、もはや恐いものなし。

魔法のランプをもってるのと同じですもん。

138

波動の役割

ほしいものをピンポイントでGETする人は、
いったい何が違うのか？
答えは「波動」。そう、波動の差なのです。

世の中には残念ながら、
波動の低いものが断然多いのですよ。

「同じ波動のものは引き合う」
というのが宇宙の法則だから、自分の波動が低い場合、
波動の低い有象無象のものが
まわりにわんさと寄ってくることになる。

そのなかから自分がほしいものだけをGETするって、
かなり難しいと思わない？
はっきり言って、至難の業。
第一、不要なもの、
わけのわからないものに邪魔されてしまって、
ほしいものまで手が届かないもの。

ところが、波動の高い人のもとには、

同じく波動の高いものしか近づけない。

波動の低いものや

有象無象の障害物はすでに淘汰されちゃっているから、

不用意に邪魔されることがない。

結果、望むものをたやすく手に入れてしまうの。

ほしいものをピンポイントでGETするにはやはり、

自分の波動を高めること。

ここに帰結します。

139

泣いて気を引くより、ほほ笑んで魅了する

男は女の涙に弱いなんて、
誰が言ったのかしら?
そんな迷信を信じちゃいけない。
あなた最大の武器は、涙ではなく「ほほ笑み」。
涙を見せるのは、うれしいとき限定と心得て。

140

最短距離

ソウルメイトに出会ったという3人の女性から、
立て続けにメールをいただいたことがあるの。

驚くことにその3人は、状況がものすごーく似通ってた。
メールに書いてある状況が、ほとんど同じだったのです!

ある方の言葉を借りるなら、
「いろいろありすぎて、恋愛はどうでもよくなってしまって、
仕事にひたすら打ち込んでいました」。

そう、つまり、3人ともソウルメイトはおろか、
恋人すら探していなかった。
恋愛なんて、どうでもよかったのね。

さらに、3人とも
仕事にひたすら打ち込んでいたという事実。
これまた共通していたのですよ。

仕事に打ち込むというのは、必ずしも、
毎晩夜中まで働いて……などということではなく、
「本気でやる」ということ。

つまり、この3人はソウルメイトに出会ったとき、
いずれも覚悟をもって
真摯に仕事に取り組んでらしたわけ。

人ってね、本気スイッチが入ると驚くほど変わるのですよ。
本人は気づかなくても、まず顔つきが変わり、
波動もじわじわと変わってくる。

波動が変わると発するエネルギーが変化してくるから、
当然、出会う人や起こってくる出来事の質が上がり、
それがやがて運命の出会いにつながる……
という、そんな流れ。

というわけで、みなさま。
最速でソウルメイトに出会いたかったら、
本気で仕事に打ち込んでみてはいかが?

141

用意された道

あるとき、懇意にさせていただいている方から
クルマを譲り受けることになったのね。
それも、スポーツカー。
今朝早速うちに来てくれたそのクルマを見て、ふと思ったの。
「そっかー、変わらなきゃいけないってことね」

そう。私の意志とは無関係に来てくれたこのクルマ、
「考え方を180度変えてごらん」という
宇宙からのメッセージだと気づいたの。

スポーツカーに乗るということは私にとって、
間違いなくパラダイムシフト。
だって、自分では絶対に選ばないもの。
でも、尊敬している方から譲り受けるという形で、
はからずもスポーツカーに乗ることになった。
しかも、マンション地下の駐車場にちょうど空きが出た直後
という、仕組まれたようなタイミングで！

これはもう、宇宙からのサイン以外の何ものでもない。
「これまでと違う路線でいくといいよ」
というメッセージとしか考えられないのね。
こんなふうに自分の選択肢としてあり得ないものが
有無を言わさずやってきたら、素直に受け入れて正解。
宇宙がすでに違う道を用意してくれてるってことだから、
その流れに乗っちゃえばいいの。

覚えておいてほしいのは、自分の意志と無関係にやってくるものののなかには、ありがたくない出来事という形でやってくる場合もあるってこと。
とはいえ、それはあくまでも表面上の話。
ありがたくない出来事というのは結局「膿出し」だから、
膿を出し切ってしまえば状況はガラリと変わる。
膿を出し切った時点で
ありがたい出来事に反転することがほとんどなのね。

だから、嫌なことが起こったら逃げないこと。目を背けない。
誠心誠意、対処する。真正面から、愛をもって。
そうやって、愛と誠意で膿を出し切るのです!
膿を出し切ってしまえば、あとはその後の展開を楽しむだけ。
人生の巻き返しが、まさにここから始まるのです。

142

一 期 一 会

運命の出会いには
「人」が関わってくることがほとんど。
そう、あなたとソウルメイトの間には、
誰かしら「つなぎ役」が存在するのね。

その人は必ずしも、あなたと仲のいい人とは限らない。
初対面の人ということもあるし、
場合によっては、あなたとソウルメイトをつなげたあと、
あなたの前に二度と登場しないことすらあるの。

たとえば、私の友人C美ちゃん。
C美ちゃんがソウルメイトに出会ったのは、
生まれてはじめてサッカー観戦に行ったとき。
そして、そのサッカー観戦に誘ってくれたのは、
とあるセミナーでたまたま一緒になった男性。
隣の席に座っていたその男性といろいろ話しているうちに、
別れ際に「チケットが余ってるから、
よかったらお友達と一緒に行ってください」と、

サッカー観戦のチケットを渡されたんですって。

ちなみに、その男性と会ったのは、
あとにも先にも、その1回かぎりだそう。
つまりその男性は、2人をつなげるためだけに
C美ちゃんの前に登場したことになるわね。

ここで、大事なことがひとつ。
この運命的な流れは、C美ちゃんが人見知りせず、
隣に座った男性と会話を交わしたからこそ起こったこと。
C美ちゃんがもしセミナー中に誰とも会話を交わさず、
一人黙々と学ぶだけで終わってたとしたら、
サッカーのチケットなんてもらってなかったはず。
当然、ソウルメイトにも出会えてないわよね。

そう考えると、ほんのちょっとの出会いが、
いったいどれほど大切であることか！

風の時代は、人とのつながりが
これまで以上に意味をもってくる。
「一期一会」を座右の銘にすべての出会いに感謝し、
一人一人とのご縁を大切にしなくては。

143

活かしきると運になる

月星座と太陽星座の違いをひと言でいうなら、
月星座が「生まれつき与えられているもの」であるのに対し、
太陽星座は「この人生でつくり上げていくもの」だということ。
「もともと与えられているもの」（月）と
「自分でつくり上げるもの」（太陽）の違いね。
でも、考えてみて。
自分でつくり上げるといったって、
結局、もともと与えられているものでしか勝負できないでしょ?
つまり、太陽星座って、
月星座という「土台」がなければ成長できないのですよ。
私はこれまでたくさんのホロスコープを見てきたので
自信をもって言えるのですが、
人間、才能や能力の差なんて、そんなにはありません。
ホロスコープを見ただけで「こりゃ天才だわ!」っていう人も
たまにはいますよ、もちろん。でも、ひと握りです、そんな方は。
しかも、ホロスコープ的に見てずば抜けた才能をもつ人が
幸せな人生を歩んでいるかといったら、必ずしもそうじゃない。
逆に、平凡なホロスコープのもち主がものすごい成功を

収めていたり、豊かな人生を送っていたりするの。

この差がいったいどこからくるのか?

「もともともっているものを活かしきっているかどうか」——

これです。

とびぬけた才能をもっていても、それを開花できないままの人。

才能は普通だけれど、それを100%開花させている人。

どちらの人生が豊かになるかしら?

そう。人生は才能や能力のレベルではなく、

それを「開花させられるかどうか」で決まるのです!

成功して豊かな人生を送っている人というのは

「与えられているものを活かしきっている人」なのですよ。

そもそも才能というのは、内側からわき上がってくるもの。

あふれ出してくるものなのね。

本来なら、探す必要などまったくないはず。

とはいえ、環境的な要因やストレスなどでその人自身の

エネルギーが落ちていると、わき上がってくるものもわき上がって

こなくなる。あふれ出ようにも、出る力がないから。

いかに素晴らしいオペラ歌手であっても、病気をして体力が

落ちていたら、声が出ないのと同じことです。

その場合はまず、

自分本来のエネルギーを取り戻さないといけない。

自分本来のエネルギーとは……そう、「月星座」。

あなたの根っこである月星座なのです。

144

中庸に戻る日

毎年、9月23日前後にやってくる「秋分」。

昼と夜の長さが同じになる日ですね。

別の言い方をすれば、陰陽のバランスがカンペキになる日。

「いったん中庸（ちゅうよう）に戻りなさい」

という宇宙からのメッセージでもあります。

こんがらがって複雑になってしまったことは、ここでいったん、

チャラにする。白紙に戻す。とくに、感情面ね。

夫婦関係、恋人との関係など、

いまあるあらゆる人間関係において、

感情をいったん整理するタイミングですね。

これまでいろいろあったかもしれない。

傷ついたり、怒りや不満を覚えることもあったかもしれない。

でも、それはすべて過ぎ去ったこと。

過去の感情を蓄積しないことです。

この世は陰陽のバランスで成り立っています。

自分の中の陰陽バランス（男性性＆女性性、思考＆感情、

心＆身体……etc.）が取れていれば、さほどの障害には

ぶち当たらないようになってるの。
なぜって、人生には自分自身の状態（波動）と
同じ性質のことしか起こらないから。

出会う人、出会うもの、体験する出来事はすべて、自分自身
の状態を映し出す鏡。これ、知っとくと便利ですよ。
出会う人で自分の状態をチェックできますもん。

たとえば、タクシーに乗ったとき。
その日乗ったタクシーの運転手さんが優しくて感じのいい人
だったら、いまの自分もいい状態だってこと。
私の場合、こういう日は大事な人に連絡をしたり
止まっていた案件を再開したりします。
なんでもいい状態のときにやりたいからね。
逆に、ムスッとして愛想の悪い運転手さんに当たったら
「いまの私はこうなんだわ、いかんいかん！」
と自戒して口角を上げる。鏡を見て、笑顔をつくる。
そして、運転手さんと自分を愛のマゼンタパワーで包み込む。

そんなふうに、自分の波動をチェックして、
つねに中庸に戻るように意識してるのね。
人生に必要なのは頑張ることではなく、
バランスをとることですもの。

風の時代の生き方

ある社長さん（女性）と話をしたときのこと。

「2番目の子が生まれたばかりなのよ」っておっしゃるから、

どなたが面倒みてらっしゃるの？　お母様?

って尋ねたところ……。

「ううん、ウチの旦那！　彼にはもう、完全に主夫やってもらっ
てるのよ。料理も得意だし、子どもの世話も、私なんかよりずっ
と上手。私がんばって稼ぐから、あなたもう、会社辞めて主
夫やってよ！って言ったら、ホイホイ辞めちゃって（笑）。まあ
私も仕事好きだし、お互い好きなことやれてるからハッピーよ」

なんとまあ、お見事！　古い概念を見事に捨ててますね。

いいんです、これで。

ご主人が育児に専念しようが、奥さんがバリバリ働こうが。

枠にはめない、一般論にとらわれない。

主婦だからとか母親だからとか、そんなことより

「一人の人間として輝ける道を行く」。

あっぱれです。

冥王星が水瓶座入りし、風の時代が本格化していく今、
あらゆることが既成概念を打ち砕く方向に動いてます。
集団から個へ、沈黙から行動へ。
束縛から自由へ、統一から多様化へ。

そんなとき、前例にならうのは必ずしも得策じゃない。
むしろ、逆。
普通の人たちがやってないからこそ、やるべきなのです。
だって、みんなと同じことしたって意味ないでしょ?
既成概念を打ち破ることこそ、風の時代の醍醐味。
宇宙から愛される生き方なのです。

[Keiko的金言]

146
恋はワインと同じ。熟成しておいしくなる

一気に燃え上がる恋もあれば、
時間をかけて育む恋もある。
幸せを約束してくれるのは、間違いなく後者。
時間の価値を知る人のみに許される、
手堅い恋の成功法。

水星逆行とソウルメイト

昨年のこと。
水星が逆行を始めたので、その昔、ある勉強をしたときの
テキストをパラパラとめくってみたら、
クラスで一緒だったS子さんの名刺が出てきたのね。
S子さんかあ、どうしてるかな〜と思ってメールしてみたら、
S子さんから早速の返信が。

「びっくり!!　昨日ちょうど、あなたが本書いてるのを知って本
屋さんに買いに行ったところでした！」

こんなふうに、過去に出会った人とのご縁が復活するのは
水星逆行中にはままあること。
昔の同級生に道でばったり出会ったりね。

ただ、ときどき聞かれるのでお答えしておくと……
水星逆行中に再会した人がソウルメイトである確率は、
あまり高くはないかな（ただし、水星が他の天体と
特別なアスペクトをとっている場合は別）。

水星逆行中に起こる出来事って、
いってみれば「宇宙のいたずら」。
運命を決めるとか、
人生を変えるっていうレベルじゃないのね。
だからこそ、たとえトラブルが生じたとしても
致命傷にはならないわけで。

結局、水星の逆行って「ズレ」なのよ。
タイミングを支配する水星が速度を変えたことで、
時空にちょっとした「ゆがみ」が生じる。
そのゆがみが、交通網や通信網の混乱を引き起こすわけ。

昔出会った人との再会も、
いってみれば、そのゆがみによるもの。
なので、宿命とか運命の出会いっていうのとは、
ちょっと違うのね。

た・だ・し！
水星が逆行から順行に戻るタイミングで出会う人は、
ソウルメイトである可能性あり。
もちろん、バッタリ出くわした相手に限りますが。

148

「引き返せ」の指令

広告代理店に勤めていたある日、ふと思ったの。

会社を辞めよう、と。そろそろ次のステージに行くときだと。

自分の中では100%決めたつもりだったのに、上司の一人に

そのことを伝えたとき、意外にも心が揺らいでしまった。

大好きな上司の言葉にじ〜んときて「そうよ、何もいま辞めな

くたっていいじゃない」と思っちゃったのね。

口から出た言葉は不覚にも、「そうですね……考えてみます」。

翌日。連休だったので山形に行こうと思い、私は車を走らせた。

ところが、高速に入ってしばらくしても、

一向に山形の表示が見えてこない。

おかしいなあ、……と思いながら運転していると、

「盛岡○○km」の文字。えっ、盛岡？　ウソでしょ？？

違う高速に入ってしまったとわかったのは、その直後。

うわ〜どーしよ〜、このまま盛岡まで行くしかないのかしら……

（泣）とあきらめかけた途端、運よく出口の表示！

そこから旧道に出て、無事にUターンできたのでした。

あ〜Uターンできてよかったあ、と胸をなでおろした途端、
あることに気づいたの。
これって……いまの私のことじゃない！
そっかー、そういうことだったんだ！
私はいま、上司の優しい言葉にほだされて、
本来行くべき道と違う道を選ぼうとしている。
宇宙はそれを知らせるために私に道を間違えさせ、
そしてUターンさせたんだ。
これは「引き返せ」の指令なんだわ。
いまならまだ引き返せる。やっぱり会社を辞めよう。

連休が明けて出社した朝、私は上司に伝えました。
「考えてみましたが、やはり辞めようと思います」
そうキッパリと。

人生の岐路に立たされたとき、宇宙のサインを
読み取れるかどうかで、その後の展開は大きく変わってくる。
いざというときベストな決断ができるよう、
日頃から宇宙と仲良くなっておいてほしいの。
宇宙に遠慮せず問いを出して、
サインを受け取るコツをつかんでおく。
いったん宇宙とツーカーになると即座に答えが返ってきて、
迷うこともなくなりますよ。

149

勇気の要るほうを選ぶ

新旧のエネルギーが入り混じった、混沌とした状態——
それが、3月。
「迷っている」「どちらを選んだらいいかわからない」
というご相談が増えるのも、この時期ですね。
結論を言いましょう。
この時期決断を迫られたら、
変化の度合いが大きいほうを選んでください。
別の言い方をするなら、「勇気が要るほう」を選ぶ。
迷ったときって、たいていの人は
勇気が要らないほうを選ぶでしょ？
でもねー、それじゃ何も変わらない。
そうやって、迷ったときにいつもいつも勇気の要らないほうを
選んでたら、いつ人生が変わるのかしら？
いったいいつ、高みに行くのかしら？
人生、勇気が必要なときもある。
新旧交代の3月も、まさにそのひとつです。

150

宇宙の采配

私の知人で、20年ぶりに出会って交際が始まり、
お互いソウルメイトだと確信し、結婚したカップルがいます。

20年という歳月は、恐ろしく長い。
でも、彼らにとっては、それがベストタイミングだった。
だって、それ以前は2人とも、結婚していたんですもの。
ばったり出会ったのがもしもその1年前だったら、
2人の関係は進展していなかったはず。

必要なときに、必要な人と出会う──
それこそが、宇宙の采配。
腕の見せどころなのです。

「あなたの準備ができたとき、ソウルメイトは現れる」

運命の出会いを求めているすべての人に、
この言葉を捧げます。

151

キャンセルすべき？

「Keikoさん、いまご出張中ですよね？　水星逆行中なのに
大丈夫なんですか？」
「水星逆行をご存じでも、予定はキャンセルなさらなかったので
しょうか？」

水星逆行中に出張に出かけた際、
そんなメールをいただきました。
大丈夫かどうかというなら、「はい、大丈夫です」。
もちろん、キャンセルもしてません。
だって、出張はもうずっと前から決まっていたことだし、
そもそも私、水星逆行中の心得を知ってますもん。
キャンセルする必要がないのですよ。

私、星の力は絶対だと思っています。
事実、これまでホロスコープ通りの人生を歩んできたし、
星の力をいろんな形で、まざまざと見せつけられてきたので。
とはいえ、その一方で
「人生なんて自分の力でどうにでもなる」とも思ってる。

矛盾するようだけど、本当にそうなの。

宇宙という大いなる力に敬意と畏敬の念を持ちつつも、

屈服はしない。

あくまでも自分と宇宙は対等だと思ってるのね。

だから、たとえ星の動き的にNOであっても、やるときはやる!

それが、宇宙に対する私のスタンス。

水星逆行スタートと同時に出張などというスケジュールになる

こともあるけど、だからといって「水星が逆行し始めたから出張

とりやめ」なーんてことは、ほぼしない。

行くときは行きますよ、逆行だろうがなんだろうが。

そうはいっても、水星逆行中のときはいつもより1〜2時間

早めに家を出るし、万が一のこと(紛失とか)があっても

困らないよう、トランクには大事なものを

一切入れないようにしてる。

乗り継ぎだって、十分すぎるくらい余裕をみて組んでるしね。

こんなふうに、注意が必要とわかっていれば、

いくらでも事前に策を打てるのです。

というわけで、水星逆行中に面接や引っ越しなどが

決まっている方は、予定通りにいかない可能性を

念頭に入れた上で行動を。

時間はたっぷり余裕をみてね。

152

水星逆行の使い方

新幹線を待っていると、こんなアナウンスが。

「先ほど福島で起こりました○○○の影響で東北新幹線は上り・下りとも約10分の遅れが生じております。皆様にはお急ぎのところ……」

ははーん、早速きましたね。
なんたって今朝、水星の逆行が始まりましたもん。

それにしても逆行直後はやはり、
影響がハッキリ出ますねー。

水星逆行中およびその前後2〜3日、
時間に十分余裕をもって行動するのは基本中の基本。
鉄則です。

とはいえ、何にでもプラスとマイナスがあるもの。
水星逆行をプラスに利用することも十分可能です。

「体感でマスターする」というのも、そのひとつ。
たとえば、以前バタフライの泳ぎ方を本で読んだとしたら、
水星逆行中は、実際水に入って身体を動かしてみる。

以前なんらかのセラピーを学んだのであれば、
家族や友人に練習台になってもらって、
実際そのセラピーを試してみる。

水星逆行中の3週間はぜひ、
そんなふうに実体験を重ねてみて。
すると、「あ、なるほどー。こういうことか」
ってコツンとくる瞬間がやってくるから。

頭ではなく身体で覚えることが、真の理解。

思考が鈍りがちになる水星逆行中は、
そういう体験を重ねていくのに最適なのです。
何かをマスターしたいなら、水星逆行を賢く利用しなくては。

153

特別な新月

自分の月星座で起こる新月——
1年に1度めぐってくるこの日は、おおいなる「リセットデー」。
誕生日なんて比べものにならないほどの
強力な刷新力が働きます。
と同時に、眠っていた潜在力が目覚めるタイミング。

この新月前後はとにかく、
新しいこと、初めてのことをしてください、
なんでもいいから、何かしら初めてのことを!
初めての人と会ったり、知らない場所に行ったり、
いつもなら決してしないであろうことにチャレンジしたりして、
運に変化を与えるのです。

2つのエネルギーが交わると、何かしら変化が生じます。
たとえ目には見えなくても、あなたの中のエネルギーが動くの。
あなたの月星座で新月が起こるときは、なおさら。

マイ月星座の新月は、根底からのエネルギー刷新と心得て。

154

プアな人は
「自分」が幸せになりたいと思い、
リッチな人は
「自分のまわり」を幸せにしようとする

プアマインドのもち主は、
いつも自分の利益ばかり考えているもの。
でも、これこそが最大の落とし穴。
あなたが手にしているお金は常に、
あなた以外の誰かが払ってくれたもの。
だから、その御礼として自分以外の人を幸せにしたい──
それがリッチマインド的考え方。

155

サインを
キャッチできない理由

「仕事でミス、対人関係の悪化と本当八方ふさがりです。宇宙さんに質問してるんですが現在、私のアンテナが受信できないみたいです。決断がうまくいかず……こんなときはどうすればよいのでしょうか？」（I子さん）

サインをキャッチできない理由って、おもに２つあると思うのね。
ひとつは感性—— つまり、センスの問題。

これについては私の既刊書を読んでいただくとして、
もうひとつの理由は「居場所」の問題。
宇宙のサインをキャッチできない人というのはキャッチできる
場所にいない——
「アウェイ」にいるんですよ。

アウェイというのは、自分らしくいられない場所。
自分のよさを発揮できない場所。
こういう環境を、私たちの細胞は「敵地」として認識するのね。

アウェイ（敵地）にいると、

宇宙のサインはなかなかキャッチできません。

頭も身体も、敵から身を守ることで精一杯だから。

サインまで受け取る余裕がないのね。

というわけで、I子さんへの答えとしては、

お仕事（環境）を変えることをおすすめします。

条件云々は二の次にして、

「自分らしくいられる環境」「自分のよさを発揮できる環境」

に身をおいてください。

おそらくそのことを宇宙に質問なさっているのでしょうが、

いまのように緊張を強いられる環境では、

サインが来てもキャッチしにくいと思うの。

なので、とりあえずサインは待たずに、

ご自身の感覚で「自分らしくいられる環境」を探してみて。

アウェイ（敵地）でサインを待つより、

アウェイを離れるほうが話は早いです。

そうすれば、感性のアンテナが自然に立ってくるから。

キャッチの仕方より、キャッチできる環境に身をおくことが

先決だと思うわ。

156

新月の願いを
叶えたいなら

「新月に書いた願いは叶いやすい」——これは事実。
ただしこれ、やり方があるのよ。
書き方というか、お作法というか。

当然ながら、ただ書けばいいってものじゃない。
まず何より、言葉。
使う言葉が大事ね。
宇宙につながりやすい言葉を使わないと、
せっかく書いたところで宇宙に響かないもの。

私たちがセルビア語やチェコ語でいくら話しかけられたって、
わからないでしょ?
たとえそれが熱烈なプロポーズの言葉だったとしても、
私たちのハートにはまるで響かない。
だって、セルビア語もチェコ語もわかんないから。
宇宙も同じなのよ。

新月の願いが叶いやすいとはいえ、
それが宇宙に伝わっていなかったら、
いくら書いたってなーんの意味もない。
願いを叶えてくれるのは宇宙だから、
宇宙が理解しやすい言葉を使わないと。

新月の願いを叶えたいなら、なにはともあれ、
波動の高い言葉を使ってしかるべき書き方をすること！
思いの強さ、真剣さなんて二の次よ。

［Keiko的金言］

１５７
プアな人は
リスクを「嫌がり」、
リッチな人は
リスクを「当たり前」と思う

リスクは絶対に取りたくない！と思うのがプアマインド。
でも「虎穴に入らずんば虎子を得ず」の言葉通り、
リスクを取ってリターンを得るのは、
種を蒔いて収穫するのと同じくらい
当たり前のことなのです。
ノーリスクはノーリターンでもあることを
肝に銘じて。

158

操られない、利用する

私は、宇宙を100％信頼してます。

物心ついた頃から月と惑星の動きに合わせて

あらゆる決断をし、動き、そして望むものを手に入れてきたので、

宇宙の動きは私にとって絶対です。

とはいえ、運命論者では決してない。

運なんていくらでもコントロールできるし、

人生は自らクリエイトするものだと思ってる。

そう、粘土みたいに。

よろしいですか、みなさま。

宇宙という大いなる存在に踊らされてはダメですよ。

決して操り人形にならないように。

宇宙の力は「利用するもの」です！

月や星の動きにアンテナを張りつつ、

あなた自ら人生のイニシアティブをとれば、

宇宙はいずれ、あなたに合わせてくれるようになる。

宇宙を利用するとは、つまりそういうこと。

意志と行動力と宇宙の協力があれば

あなたが願うことは叶って当然なのです。

159

「その気」にさせる

半年スパンでやってくる、日食と月食。
この2つは、形勢を逆転させるパワーをもってるの。
白を黒に、黒を白に塗り替えるのが、日食と月食なのね。

たとえあなたが100%無理、不可能と
思っているようなことでも、いえいえ、諦めるのは早いですよ。
日食、月食のパワーをもってすれば
巻き返し、どんでん返しは十分可能です。

不可能って結局、
宇宙が思うように動いてくれないってことでしょ?
であれば、宇宙に動いてもらえばいいだけのこと。
宇宙を「その気」にさせれば、不可能じゃなくなるの。

そのためにはまず、宇宙の意思や思いを理解してあげること。
あなたと同じように、宇宙にだって願いがあるのだから。
日食、月食の日の天空図には、
そんな宇宙の願いが見事に示されているのです。

160

土俵を変える

「どうしても手放せないしつこい執着や思いは、
どうすれば手放せるのでしょう?」(N実さん)

結論からいうと、
自分の波動を上げるしかないと思うの。
つまり、「土俵を変える」。
過去の思いをずーっと引きずっているのは、
自分自身がそのまんまのレベルだから。
当時とまったく同じ土俵にいるからです。

自分の波動が高くなって
意識やものの見方・考え方が変わってしまうと、
それまで執着していたことがもう、
別世界のことになっちゃう。
次元が違いすぎて、もはや気にならなくなるの。

たとえば、幕下に
Sノ山とTノ海という力士がいたとするでしょ。

犬猿の仲である両者、

お互い相手のことを苦々しく思ってて

その確執がもう何年も続いてる……みたいな。

この2人、同じ幕下にいるうちは確執が続くんだけど、

でも、Sノ山が実力をつけて幕内に上がったとたん、

Tノ海に対する苦々しい思いは消えちゃうんですよ。

まるで気にならなくなる。

なぜって、土俵が違うから。

Sノ山はもう、幕内力士だから。

幕内力士だから、幕下にいるTノ海なんて、

もはや目に入らないの。わかりますか?

ここでいう土俵というのはつまり、波動。

もういい加減手放したいのにずっと縛られてるのは

自分自身が、それを体験したときと同じ波動だから。

当時と同じ土俵にいるから、

その感情と何度も向き合わされることになるの。

それが嫌なら、土俵を変えるしかない。

そのためには、波動を上げること。

波動が上がると、それまで執着していたことが

途端に色褪せて見えるようになりますよ。

161

身体は知っている

昔からお世話になっているマダムLから、久々に電話が。

「そういえば、不思議なことがあったのよ。
こないだ10年ぶりに生理がきて……」

話を聞いてみると、
とある企業の社長さんと
打ち合わせがてら会食をしたところ、
その晩、突然生理がきたとのこと。

ははーーん。もしかすると、もしかするかも……
と思った私、すかさず聞いてみた。
「その社長ってどういう方？　結婚なさってるの？」

するとマダム、
「さあ、どうかしら？　知らないわ。プライベートなことなんか話
さなかったもの。興味もなかったし」と、にべもない様子。
どーだっていいんじゃない?という様子が

にじみ出ていました（笑）。

ところが、ところがですよ。
マダムとその社長、結婚してしまったのですよ！
やっぱりね〜。

その後、聞き込み調査をしたところ、
そのお相手と出会ってから、
マダムの身体にいろいろ変化があったことが判明。
10年ぶりに生理がきたのに加え、

・子宮筋腫が小さくなって、手術をしなくていいと言われた
・持病の腰痛がかなり軽減した
・健診で身長を測ったら、背が少し伸びていた

これってすごくない？？

ご主人はおそらく、ソウルメイト。
ソウルメイトが登場すると、
身体はちゃーんと教えてくれるのですね。

162

二者択一

宇宙はね、質問の幅を狭めれば狭めるほど
ドンピシャの答えをくれます。

たとえば「私はパートナーと出会えますか?」なんていう
ぽわ～んとした質問より、
「M彦くんとお付き合いしたいけど、彼の心はYES? それとも
NO?」
といったドンピシャの質問のほうが、的確なサインをくれるの。

宇宙ってけっこうクールだから、
曖昧な質問にはあまり答えてくれない。

「たとえば、何と何があるわけ?　具体的に示してくれる?」
みたいに思ってる(笑)。

宇宙への問いの出し方が今いちわからないという方は、
二者択一から始めてみるといいかもね。

163

プアな人は
「迷うだけ」で決められず、
リッチな人は
「迷う間もなく」決断する

時間はある意味、お金以上に貴重なもの。
時間はお金を出しても買えないのですから！
リッチマインドのもち主に即断即決の人が多いのは、
まさにそのため。お金以上に貴重なものを
無駄使いしたくないのです。
スピーディーな決断は
正しい決断以上に価値があると心得て。

164

突然の幕切れ

もうひとつ、これもお伝えしておこうかな。
日食・月食の頃は物事が突然、終焉を迎えることがあるの。

たとえば、おしどり夫婦といわれていた2人が突然別れる。
うまくいっていたはずのビジネスが突如、終わる。
取引先との契約が突如、切れる……etc.

こうした唐突な終焉、幕切れはまさに、日食・月食の作用。

こんなふうに書くと、
何やら恐ろしげに聞こえてしまうかもしれないけど、さにあらず。

日食・月食のタイミングで唐突に終わるものはそもそも、
あなたにとってもはや意味のなくなったもの。
もっというなら、これから大きく羽ばたこうとしているあなたの
足枷になるものなのね。

もしなんの前触れもなくあっけなく終わったとしても、それは、

宇宙が邪魔な足枷を外してくれただけのこと。

いくら唐突な幕引きがあるとはいえ、
必要なものまでなくなるわけじゃない。
それどころか、あなたにとって必要なものは、
日食・月食を契機にむしろ、
拡大発展していくことが多いの。

そう、日食・月食という巨大なエネルギーを肥やしに
どんどん大きく豊かになって、
次のステージへと向かっていくのね。

人間関係なら、友人から恋人へ。
恋人から夫婦へ。
仕事なら、個人事業主から法人へ。
専業から多角経営へ。
家族なら、夫婦二人から3人家族へ。

新月・満月がワンランクアップなら、
日食・月食は3〜4ランクアップ。

そんなステージアップを余裕で叶えてくれちゃうのよ。

165

満月は感謝する日

新月で願うことを「意図」し、満月で「感謝」する——
願いを叶えたいなら、この2つが基本。

「いったい何に感謝するの?」と思った方、
いらっしゃらないかしら?

そんな方は、よーく考えてみて。
私たちのまわりには、感謝できることがたくさんあるでしょ。
あふれてる、といってもいいくらい。

たとえば、ご両親に感謝。
いつも一緒に働いてくれている同僚に感謝。
平和に過ごせることに感謝。
おいしいものを食べられることに感謝……etc.

それこそ、枚挙にいとまがないくらい、
毎日が感謝の連続じゃない?

これって確かに、
あなたの願いとは直接関係ないかもしれない。
でも、何より大事なことなの。
実際、満月に感謝を書くのを習慣にしていると1年後――
いえ、半年後には変化を自覚できるんじゃないかしら。

感謝することが日常になると、
あなた自身の愛の絶対量が大きくなって、
身の回りに起こること、出会う人々が、
それまでと明らかに変わってくるから。

最近起こったシンクロやプチラッキーに感謝するのも
すごくいいですよ。

「そうそう、あんなシンクロがあったっけ」
「あれはラッキーだったな～♪」

……振り返ってみると、
そんなふうに思い当たることがいろいろあるはず。
満月でそれを書き出してみて。

「新月・満月をセットで使う」
これが、願いを叶えるコツよ。

166

潜在意識が動くとき

日食・月食を占星学的に説明するなら、
新月・満月がドラゴンヘッドorドラゴンテイルと重なること。
では、ドラゴンヘッド、ドラゴンテイルとは何か?
これに関してはさまざまな説があるようだけれど、
私個人的には、「過去世で培ったご縁が今世に流れ込んでく
る入り口」と解釈してるのね。そう、ご縁の入り口。
もちろん、過去世のことなんて顕在意識ではわからない。
過去世でこういうことがあった、ああだった、こうだった……
などとはっきり覚えてる人なんて、まずいないからね。

とはいえ、たとえ顕在意識ではわからなくても、
潜在意識は覚えてる。しっかり記憶に留めてるの。
潜在意識ってそもそも、過去世の記憶のアーカイブなのよ。
その記憶の上に、今回の人生で経験したことがいろいろ積み
重なっていってるわけで。

そんな「過去世からのご縁の入り口」付近で
新月・満月が起こる日食と月食は、

潜在意識を強烈に刺激してくることになる。

私たち自身は無自覚でも、

潜在意識のほうはかなり強い揺さぶりをかけられてるの。

となれば、いつもと違うことが起こってきて当然。

日々起こる出来事や現象は、

私たちの潜在意識が引き寄せているようなものだもの。

いずれにせよ、それまでどんなに頑張っても

開かなかった扉が開いたり、

駄目だと思っていたことが急にOKになったり

という逆転現象が起こるのは、

よくも悪くも潜在意識が大きく動いた結果。

いってみれば「風穴」が開いたからなのね。

そもそも日食・月食のエネルギーは、

普通の新月・満月とは比べものにならないほど大きい！

それが証拠に、日食・月食が近づいてくると

体調を崩す人がいかに多いことか。

日頃の疲れが日食・月食前後ピークに達する

ということはあるにせよ、

それ以上に、潜在意識に強烈な揺さぶりがかかると

いうことが大きいと思うの。

潜在意識と体調って、じつは連動してるのね。

167

運を「根付かせる」

「この1年私の月星座に木星があったせいか、ラッキー続きでした！　でも、木星が次の星座に移ったら、もういいことは起こらなくなるのでしょうか……」（S子さん）

大丈夫、ご安心なさいませ。
木星が自分のもとを離れたら運にも見放される……
なーんてことは、ありません！

っていうか、むしろ逆。

1年間木星の波動をしっかりパワーチャージしたあなたは
もはや、以前のあなたじゃない。

波動が変わってるんですよ。
波動が変わって、引き寄せ力もパワーアップしてる。

自分の月星座に木星が巡ってくる1年は、
あらゆることに追い風が吹くラッキーな1年であると同時に、

12年に1度の「パワーチャージイヤー」。

そう、木星＝バッテリーなの（笑）。
スマホなら1〜2時間で充電完了するけど、
人間の場合はまるっと1年必要。

ここでその後11年分の充電をするわけだから、
やはりそれくらいはかかるのね。

いずれにせよ、ラッキースター木星が
自分のもとを去ったからといって、
「ああ、運がなくなっちゃう……」
などと考える必要はまったくない。

木星が去ったあとこそ、
運を「根付かせる」タイミングですもの。

単なるラッキーが「強運」へと変わるのはまさに、
木星が去った翌年なのです。

168

ソウルメイト情報

「ソウルメイトに出会いやすくなる方法ってあるんでしょうか？
あるなら教えていただきたいです！」（Y代さん他多数）

このご質問を、これまでどれだけ多くの方から
いただいたことか！
答えは、「YES」。
ソウルメイトと出会いやすくなる方法、もちろんありますよ。
まあいくつかあるんだけど、いずれにせよ、
出会いに「波動」が大きく関わっていることは確か。

というわけで、結論。
「ソウルメイトに出会いたいなら、波動を上げる」
これでしょうね、やはり。

じゃあ、波動を上げるにはどうしたらいいのか？
「愛」と「五感」──
波動を上げるのは、つきつめると、この2つ。

まず、愛の絶対量が多い人は例外なく、波動が高い。
どんな人にも分け隔てなく愛を与えられるようになると、
波動がどんどん上がっていくのね。

一方「五感」は、波動をキャッチするアンテナ。
波動というのは情報の一種だから、
やはりアンテナがいるのよ。
五感の鋭い人は受け取る情報も多いし、
五感が研ぎ澄まされていればいるほど、
質の高い情報をキャッチできる。
ガセネタに引っかかることなく、
真の情報だけをしっかりキャッチできるのね。

この「真の情報」の中には当然、
ソウルメイトにつながる情報も含まれる。

運命の出会いは「たまたま」であることがほとんど。
でも、それは「そう見える」というだけのこと。

そのじつ、五感という秀逸なアンテナが先回りして
情報をキャッチし、
出会いにつながる行動を促してくれていたの。
そう、素知らぬフリで（笑）。

169

脱却をはかる

日食・月食の作用はいろいろあるのだけれど、
やはりカルマ的な要素が強いなあというのが、私の実感。

たとえば、「いつものパターンがまた起こる」という現象。

私たちにはみな、特定のパターンやクセがあるでしょ。
いつも衝突して人間関係を駄目にしてしまうとか、
面倒なことからいつも逃げてうやむやにしてしまうとか。

決断ひとつとったって、
新しいことは決してやらない人、
誰かに決めてもらう人、
迷った挙句、
結局何もせずに終わる人……さまざまよね。

いずれにせよ、それってそのときだけそうなのではなく、
「いつもそう」であることがほとんど。
その人のパターンなのね。

それでいうと、日食・月食では
「今回もそのパターンでいくの?」と問われるような
出来事が起こることもしばしば。

このとき、選択肢は2つ。
「ええ、もちろん。それが私のやり方だもの」
と開き直るか、あるいは
「まさか! もういいかげん次のステージに行きたいもの!」
とそれまでの自分に反旗を翻すか。

どちらを選ぶかは人それぞれだけど、おすすめは後者。
なぜなら、日食・月食は「刷新」のタイミング。
古いパターンからそろそろ脱却すべきときだから。

刷新の度合いは、大きければ大きいほどベター。

「いままでの私なら、こんなこと絶対しないんだけど……」
というようなことをあえてやってみると、
思いもよらなかった可能性が開けてくるのよ。

170

お膳立ては利用する

「心からやりたいことでも、どうしてもうまくいかないときは、うま
くいっているほうに進路を合わせたほうがよいでしょうか」
（S里さん）

はい、その通り。うまくいっているほうに進んでください。
理由を申し上げましょう。
うまくいくほうに進んでいくと、それがいずれ
「本当にやりたいこと」につながったりするからです！

たとえば、某女性誌の編集者C子ちゃん。
彼女は今でこそ希望通りの仕事に就いているものの、
以前はアパレルメーカーのコピーライターだったのね。
女性誌の編集者になりたくて何年間かチャレンジし続けた
らしいんだけど、結局出版社の試験に受からず、
縁あって入ったのがアパレルメーカー。
そこでコピーライターとして仕事をするうちに
出版社とつながり、欠員が出たタイミングで、
その会社から声をかけてもらったんですって。

うまくいくほうに進んだら、結果、

本当に欲しいものが手に入ったわけね。

C子ちゃんのようなケースって、さほど珍しいことじゃない。

回り道のように見えても、じつはそれが近道だったってことは、

往々にしてあるの。

うまくいくというのは、すでに道ができてるってこと。

宇宙がお膳立てしてくれちゃってる状態ね。

宇宙って意味のないお膳立てはしないから、

そこにはなんらかの意図があるはず。

将来必要になるスキルを学ばせるとか、

必要な人に出会わせるとか、

はたまた、運命の出会いを用意してくれてるとか。

逆に、いくら頑張ってもうまくいかない、スムーズにことが

運ばないというのは「通行止め」の標識が出てるのと同じ。

通行止めになってるところを、何も無理やり進むことは

ないじゃない？　それより、通れる道を行きましょうよ。

うまくいくというのはそもそも、

あなたがそこで「求められている」ということ。

少なくとも、そこにいる理由が何かしらあるわけ。

宇宙がお膳立てしてくれてる道には、

思わぬお宝が落ちてたりするものよ。

171

棚ボタを実力に変える

ラッキースター木星の逆行について触れておきましょう。
木星は年に1度、4か月ほど逆行するのですが、
これはいわば、「確実にモノにする」ための見直し期間。

理解を確実にするためには、復習やリピートが必要でしょ?
自分では理解したつもりでもときに基本に立ち返り、
その都度復習を重ねることで、真の実力になるわけで。

木星の逆行も、結局はそういうこと。
この時期は、自分のもとにやってきたチャンスや流れを
「確実に自分のモノにする」ための復習期なのね。

木星は別名、「天空のサンタクロース」。
このニックネームからもわかるように、木星がもたらす
チャンスって、けっこう棚ボタ的なところがあるの。
棚ボタゆえに、人によっては実力が
まだ追いついてなかったりする場合も少なくない。
「実力がないのにチャンスだけもらっちゃった」っていうね。

たとえば、実力はさほどでもないのに、
木星の勢いに押されて一気にスターダムに
のし上がった人がいたとするじゃない?
この場合、勢いでたまたまそうなっただけだから、
木星の応援がなくなったとたんシュルシュルシュル……
と勢いがしぼんじゃう可能性が高い。
実力不足の烙印を押され、
手に入れたものを失ってしまったりね。

でも、この人がもし、木星逆行中に実力を蓄えて
そのポジションに相応しい実力をつければ、
そういう残念な状況は免れる。
それどころか、
さらなるビッグチャンスを与えられるかもしれない。

年に1度の木星逆行は、実力をつけるために
宇宙が用意してくれた、「集中実力養成期間」。

この間の過ごし方が、その後の展開を左右するのです。

＊2024年の木星逆行:10月9日〜2025年2月4日
　2025年の木星逆行:11月12日〜2026年3月11日

172

時代に逆行してる?

「風の時代は仕事で自分を表現する時代とのことですが、専業主婦の場合はどうなるのでしょうか? 私は仕事と家事の両立がなかなかうまくいかず、ひとまず仕事をお休みすることにしました。自分は風の時代とは正反対の行動を起こしているのでしょうか?」(K子さん)

K子さん、風の時代に逆行しているように感じてらっしゃるようですが、いえいえ、そんなことないですよ〜。むしろ、逆。
自分には仕事と家庭の両立が難しいと悟った上での
休職でしょ?
自分らしい働き方に向けて、一歩前進したわけです。
であれば、ぜんぜん逆行してません。

風の時代=仕事の時代、ということではなく、正しくは
「一人一人が自分らしい働き方を見出す時代」ということなのね。

しばらくは専業主婦を楽しむのもよいでしょう。
でも、しばらくすると余裕がでてきて

趣味や好きなことを楽しむ時間ももてるだろうし、
「仕事してみようかな」
と思うときがやってくるかもしれない。

それが１年後か２年後かはわからないけれど、
将来そう思ったときにさっと行動に移せるよう、
今から少しずつ準備しておくのがいいんじゃないかしら。

そろそろ仕事をしようかなと思ったとき
「でも、いったい何を?」
「私って何ができるの?」と悶々《もんもん》としないように。

ここで「やっぱり私には何もできないわ……」
となってストップしてしまったら、
それこそ風の時代に逆行することになっちゃう。

仕事をお休みしている間、
「私、これをやってると楽しいし、仕事にしてもいいな♪」
というものを見つけておきましょう。

弟子の準備ができたとき、師は現れる。
Ｋ子さんの準備ができたとき、やりたいことは見つかるのです。

173

五感を磨く方法

五感を磨くにはどうしたらいいか?
そう、ここがいちばん大事なところよね。
五感を磨くには、何よりもまず、上質なものに触れること。

・名画を観る
・オーケストラの音色を聴く
・旬のオーガニック野菜を味わう
・植物や花の香りを楽しむ
・カシミアの肌触りを楽しむ

上質なものは発する波動も高いから、
そのエネルギーに触れるだけで、
眠っていた五感が目覚めてくれるの。
美しいものを見るとハッとするでしょ?
ちょうどそんな感じ。

そして、もうひとつ。
五感を高めるもうひとつの方法は、「オイルマッサージ」。

オイルマッサージというと
「えっ、美容?」って思うかもしれないけど、さにあらず。

オイルマッサージってじつは、
五感を高める最高の方法なのですよ。
だって、目も耳も鼻も舌も皮膚もぜーんぶ、身体の一部でしょ。
五感といえども、その大元は身体なのですよ。

だからこそ、身体にアプローチする。
愛情こめて自分の身体に触れることは、
五感を喜ばせる最もシンプルな方法なのです。

ただし、そのためには条件がありまして。
ひとつは、愛情をもって身体に触れること。
もうひとつは、オーガニックオイルか
ケミカル成分の入っていないオイルを使うこと。

この2つの条件を満たしてないと、
五感を高めるマッサージにはならないので気をつけて。

「運の正体はタイミング、引き寄せの正体は五感」
この原則、覚えておいてね。

174

宇宙との付き合い方

「宇宙とどう付き合っていけばよいのか、教えてください。お願いごとばかりでいいのか？ 心の中で話しかけるとき、敬語じゃなくていいのでしょうか？」（U子さん）

宇宙との接し方がわからない……ってことですね。

まず話しかけ方ですが、
これは、自分にとっていちばん心地よい言葉でOK。

タメ口でもいいし、使いたいなら、
敬語を使ってもかまわない。

私の場合、宇宙と知り合いになったのが
6歳のときなので、感覚としては「幼なじみ」。
なのでタメ口です、とーぜん。

「お願いします」っていうよりは、
「ちょっとどうにかしてよ〜」って感じ（笑）。

「ねえ、まだ現実になってないって、どーゆーこと!?」
みたいに、脅しを入れることもある（笑）。

宇宙も時折忘れてることがあるから、
尻を叩くくらいのことはしてもかまわないの。

そもそも宇宙には「立場の上下」という概念がないから、
タメ口でも敬語でも関係ない。

なので、宇宙がどうこうではなく、
あなた自身がしっくりくる言葉を使ってください。

そんなことより、大切なのは、
お願いを聞いてもらったときの「御礼」。
これだけは忘れないように。
たとえちっぽけなことであっても、叶えてもらったら、
「ありがと〜〜! ほんとうれしい!!」と叫ぶ（笑）。

とにかく、大袈裟なくらい感謝してあげて。
宇宙も喜ぶから。

175

ソウルメイトは
元カレの紹介

いつも幸せそうなY子さんに、こんなことを聞いてみた。

Keiko：「ところでさ、ご主人ってソウルメイト?」
Y子：「うん、そうだと思う」

Keiko：「（やっぱりねー。ソウルメイトと結婚してる人って、独特のオーラを放ってるからすぐわかる）どうやって、知り合ったの?」
Y子：「それがね～、なんと元カレの紹介なのよ。でね、その元カレも、私が紹介した女性と結婚したの」
Keiko：「ええっっっ」

Y子さん：「元カレと別れるときにね、2人の幸せな未来のために、お互いの持ちカードを出し合おうってことになったの。そしたら、ちゃーんとくっついちゃったのよ、2人とも。これ言うと、みんな驚くんだけど（笑）」

そりゃ驚きますよ〜。
私も何百通りの出会いを知ってるけど、
このパターンは初めて。
しかしまあ、なんとサバけたお2人でしょう!
進歩的というか、建設的というか。

それにしてもつくづく感じるのは、
運命の出会いにはやはり、
仲介役が存在するんだなあってこと。

ソウルメイトってじつは、
誰かが紹介してくれるというパターンが、ものすごーく多い。
Y子さんの場合、
紹介者がたまたま元カレだったというわけ。

それにしても、
運命の2人にはやはりドラマがありますね。

176

シンクロは宇宙の画策

衝撃の事実をひとつ。

「ソウルメイトにひとめぼれはない」

まったくないとまでは言いません。
ただ、私の長年にわたる聞き取り調査の結果、
ソウルメイトにはひとめぼれが極めて少ない——
これは、事実。

よく聞くでしょ?
「ビビッときて一瞬のうちに惹かれ合い……」なんていう話。
こういう打ち上げ花火型出会いは、
その衝撃から「この人こそソウルメイト！」
と誤解してしまいがちなのですが、実際はそうじゃない。
衝撃やドキドキ感をくれる相手はむしろ、単なる恋愛相手。
ソウルメイトではないと考えるほうが賢明です。

ソウルメイトが与えてくれるのは衝撃ではなく、安心感。

そして、心の平穏。
「この人といると、恐いものは何もない」――
そう自然に思えてしまうのが、ソウルメイトなのね。

ソウルメイトとの関係は基本、一生もの。
出会いがしらにクライマックスがやってくるなんて、
あり得ないんですよ。
最初にクライマックスがきちゃったら、あとは下降するだけでしょ？
ソウルメイトは、逆。
会うたびにじわじわと、ほんの１センチくらいずつ距離が
縮まって、やがて魂が通い合う――
こういうパターンが普通なのね。

私は仕事柄、たくさんのソウルメイトカップルを知ってますが、
事実、「初対面ではとくになんとも思わなかった」
「印象に残らなかった」という証言がかなり多いのですよ。
とはいえ、そこはソウルメイト。
ソウルメイトの２人をくっつけるのが宇宙の仕事だから、
宇宙はその後、折をみては２人を出会わせようと画策する。
そう、あたかも偶然を装って。

それこそが、ソウルメイトの２人に
シンクロが頻発する理由なのね。

177

本番前の「ピーリング」

「2年ほどお付き合いをした彼と、お別れをしました。私は彼を、
“彼こそ運命の人だ！”と思っていました。宇宙に対してどうし
て、私にこんな苦しい思いをさせるのだろう……という気持ち
もありました。だけど、事実がわかった今は、逆に守られていた
んだな、と思います」（Y香さん）

ソウルメイトと出会うと、
人生があれよあれよという間に変わっていきます。

まったく新しい人生が始まるから、その前に
不要なものを一切合財処分しとかなきゃいけない。

だからこそ、電気製品やら愛用品やら、
あらゆるものが次から次へと壊れていくの。

「死ぬほどショッキングな出来事」も、まさにこれ。
ものじゃなく、「自分」が壊れる。

ショック療法で、古いエネルギーを破壊するわけね。

ま、ピーリングみたいなものかしら（ヒーリングではなく）。

ピーリングって、ヒリヒリして痛いじゃない？
でも、そうやって古い皮膚を破壊することで、
短期間で皮膚をきれいにすることができるわけ。

なぜ短期間でなければならないのか？
出会いが迫ってるからです。

「きゃっ、タイヘーン！
パーティー来週じゃない！
このくすみ、どうしよう……
痛いけどピーリングするっきゃないわね！」

ショックな出来事というのは、つまりそういうこと。

Y香さん、ピーリングはしちゃったようだから、
あとはキレイになっていく自分を楽しんでください。

心穏やかになった頃、優しい眼差しに出会えるはずよ。

178

ソウルメイトの痕跡

「ソウルメイトに出会うチャンスは一度だけなのでしょうか?
もしそうだとしたら、それを逃すと二度とソウルメイトには会えな
いということでしょうか?」(E子さん)

ご安心なさいませ。
ソウルメイトと出会うチャンスは、一度きりじゃありません。

宇宙はそのあたり、すごく寛容。
「あれ、気づかなかった?　じゃあまたアレンジするか」
みたいなこと、わりとあったりするの。

ソウルメイトを見分けるチェックポイントのひとつに
「過去、ニアミスがあった」という項目があるんだけど、
これぞ、宇宙が2人を引き合わせようとした
何よりの証拠。
その痕跡なのですよ。

宇宙は、最高のタイミングを狙って、

運命の2人を引き合わせようとします。

とはいえ、百発百中ってわけじゃない。

狙い通りにいかないこともあるの。

いくら宇宙が出会いの場を提供したところで、

最終的には当人たちの意識と行動の問題だからね。

それでも宇宙は、うまくいかなかったらもう一度、

万が一それでもダメなときはさらにもう一度、

2人を引き合わせようとする（なんて健気 泣）。

ソウルメイトというのは当人2人だけでなく、

双方の家系や先祖までも巻き込む、カルマ上のカップル。

けっこう責任重大だから、宇宙としても

おいそれと諦めるわけにはいかないのよ。

逆に、私たちとしては、

自分に与えられたカルマ（課題）を自覚し、

それにきちんと取り組んでいくことで、

ソウルメイトに出会いやすい環境が整ってくる。

ソウルメイトは、その延長線上にいるのよ。

179

最高の供養

春分と秋分は別名、「お彼岸」。
お墓参りに行ってご先祖様の供養をするとともに、
日頃の感謝を伝える日ですね。
私たちはみな、ご先祖様の思いや感情を
遺伝子という形で受け取っている。
血は水よりも濃いというけれど、それは、私たちを構成する
数十兆個の細胞ひとつひとつに、ご先祖様の思い、感情、
思考、意識がしっかりと刻み込まれているから。
それだけじゃない。才能、能力といったご先祖様からの
ギフトもまた、DNAにしっかりインプリントされてるのですよ。
ということは、こうは言えないかしら。
私たちはみな、はるか遠い昔のご先祖様たちと、
時を共有している、人生を共有していると。

だから、あなた自身が幸せになれば、
ご先祖様たちの魂も昇華し、癒やされる。
あなた自身が幸せになることこそ、
ご先祖様への最大の供養なのよ。

180

プアな人は
期待以下だと「クレーム」を言い、
リッチな人は
「いい勉強になった」と考える

プアマインドの人の共通点は、
何かとクレームをつけたがること。
期待外れのことには確かに
不満のひとつも言いたくなるけれど、
でも、それを選んだのは他ならぬ、自分自身。
それを理解しているリッチマインドのもち主は、
「いい勉強になった」と捉えるのです。

181

冬至からの3か月

「冬至から宇宙元旦までは、新しいことを始めるには不向きとおっしゃってましたが、それはなぜなんでしょうか？ 代わりにやったほうがいいことはありますか？」（E恵さん）

まず、1年に「起承転結」があるのをご存じかしら。

・宇宙元旦からの3か月は「起」
・夏至からの3か月は「承」
・秋分からの3か月は「転」
・冬至からの3か月は「結」

ここからもわかる通り、冬至から次の宇宙元旦までの3か月は、起承転結でいうところの「結」。
つまり、始まりではなく「終わり」のタイミングなのね。

すごいな～と思うのは、日本って、
終業式や卒業式が3月末にあるでしょ？
宇宙の起承転結にほんと、ピッタリ合ってるのよね。

なので、冬至からの3か月をどんなふうに過ごすかについては、
「高校生活最後の3か月」をイメージして
いただければよろしいかと（笑）。
3か月後に卒業っていうとき、「満を持してスタート！」
なんて気にはならないじゃない？

とはいえ、何かを始めるのがすべてNGかといったら、
そういうわけでもなく。
冬至からの3か月というのはいわば、準備期間。
つまり、準備を始めるのはOKなのですよ。

家を建てるときは最初に必ず、地ならしをするでしょ？
地鎮祭をやったりね。
冬至からの3か月って、まさにそういう時期。

翌年実現したいことに向けての準備はぜひ、
この時期に始めてください。
宇宙元旦というスタートポイントに向けて、
着々と準備を進めておくのです。

冬至からの3か月間は、集中力がモノをいうとき。
何かひとつに的を絞って、集中的に取り組むのがベストです。

182

卒業の合図

3月初旬、
A美さんからこんなメールをいただきました。
「私は来期も引き続きと思っていたのに、
一方的に契約を打ち切られ落ち込んでます……」

A美さん、落ち込む必要はないですよ。
まったくない！

この時期（宇宙元旦前）の解雇や契約打ち切りは、
「卒業おめでとう！」という宇宙からのメッセージ。

あなたはもう次のステージに行く準備ができてる、
それに相応しいレベルになりましたよーっていう、
宇宙からのお知らせなのね。

私たちって、先方から別れを告げられたり
契約を打ち切られたりすると、
どうしてもネガティブにとらえてしまうけれど、

いえいえいえ、そんな必要はまったくない。
この時期そういうことが起こるのはまさに、
宇宙元旦前の状況整理——
エネルギー調整。

この時期、何かを手放したあとは、
新しいエネルギーが
ちゃーんと流れ込んでくるようになってるの。

ちなみに、次のチャンスを速攻で引き寄せるコツは、
「感謝すること」。

「今回契約が終わったおかげで、
晴れて次のステージに行くことができます！
宇宙クン、チャンスをありがとう♪」というように。

宇宙元旦前は感謝するタイミングでもあるってこと、
忘れないでね。

183

運 の 入 り 口

興味深い話をひとつ。
スランプに陥ってるときって、骨と皮膚が密着してる部分——
つまり「骨のきわ」にどんどん邪気が溜まっていくの。

・鎖骨のくぼみ

・膝まわり、膝の裏

・腰骨まわり

・首の後ろの骨周辺

・踵、足の指の間

このあたりは、とりわけ邪気を溜め込む部分。
スランプ気味の人はこういうところの邪気をとると
少しずつ「縛り」がとれて、
本来のエネルギーが戻ってきますよ。

とくに、首の後ろ——
縦に3つ並んで出っ張ったところがあるでしょ?
このあたりはズバリ、運の入り口。

ここに邪気が溜まってると新しい流れが入ってこないから、
ここの部分はしっかりケアしておくこと。

バスタブに浸かりながら粗塩をよーくもみ込んで、
じわじわとほぐしていくのが効果的よ。

184
宇宙のジャッジは体調に出る

よく風邪をひく、転ぶ、つまずく、ケガをする、
胃が痛む……これらはみな、
宇宙からの「STOP」サイン。
なんらかの方向転換を促していることがほとんど。
恋のお相手が違うのかも。

185

宝物は道の途中に

「ご著書の中に"相手がソウルメイトであれば家族や周囲の
応援がある"というのがありましたが、これは自分の夢に対し
ても当てはまるものでしょうか? 私には夢があります。この夢
に対して、両親の反対にあいました。悲しくてつらくて……
自分が間違っているんでしょうか?」(H子さん)

結論から言いましょう。
「家族の応援がある」というのはソウルメイトに関してのみ。
仕事に関しては必ずしも当てはまりません。

ソウルメイトの二人を家族がこぞって応援するのは、
それが「種の保存」にかかわるから。
大げさな表現だけど、そうなんですよ。
生存にかかわるとなると、
人の本能も動物並みに発動するの。

でも、仕事ってそこまでじゃないでしょ?
収入には結びついてるけど、

遺伝子にかかわる問題じゃない。

家族の応援があればもちろんうれしいけど、

だからといって「家族の応援がない＝行くべき道じゃない」

と考える必要はないと思うな。

叶えたい！とまで思う夢には、何かしら意味があるんです。

必ず、ある。

ただ、それが最終形なのかっていうと

必ずしもそうでもなくて、

じつは「それを目指す上で出会う人、モノ、出来事」

のほうが宇宙の意図だったりする。

つまり、「目的地に向かう途中に宝物がある」

というケースが非常に多いのですよ。

宇宙はトリッキーだからね。

H子さん、どうか今の夢を大事にしてほしい。

ご両親が反対なさったのは、H子さんのことが心配だから。

「心配する必要ないわよ、私いま、最高に楽しいもん！」

って姿を見せてあげればいいの。

夢を追い求める道の途中に、

いろんな宝物が転がってると思うわ。

186

努力のベクトル

1年半ぶりに会った某広告代理店の友人いわく、
「もうアホらしい！
いままでの努力って、いったいなんだったんだろ？」

聞けば、これまで丸一日かけてつくっていた企画書を
ChatGPTがものの5分で仕上げてくれたとのこと。
「いまもう、努力って死語じゃない？　だよね？」
と同意を求められたのだけど、
うーん、私は同意はできないな。
これからも、ある程度の努力は必要だもの。

テクノロジーの進化で平均値が上がった分、これからは自分の
「色（個性）」を出さないと生き残れない。
そう、他との差別化が必要なのです。
努力が必要なのは、まさにここ。
もちろん、努力の定義が変わってきてるのは事実。
地の時代の努力が「石の上にも3年」的なガマン系、根性系
だったとすれば、風の時代の努力って、もっとずっとライトなもの。

好きなこと、やっていて楽しいことを、
もっとスキルアップしたいから続けていく……そんな感じ。

大事なのは、努力の矛先を間違えないこと。
努力ってそもそも、花開かせるため、
結果を出すためにするわけでしょ?
であれば、花開く可能性のないところで努力しても意味がない。

それって努力ではなく、単に時間と労力の浪費。
せっかく努力するなら、実のなる可能性があるものにしなくては。
それを見極めるヒントになるのが次の6つ。

・よく人に頼まれること
・それをやると、みんなに感謝されること
・それをやると、よく人に褒められること
・子どもの頃から自然にやっていたこと
・学んだわけではないのに、なぜかうまくできること
・さほど頑張らなくても、人並み以上にできてしまうこと

こういうものに時間と労力を割けば美しい花が咲き、
やがて大きな実をつけるはず。
これが、風の時代の努力の在り方。
まっとうな努力です。

187

ジャッジは不要

「いま付き合っている人がソウルメイトかどうか、
どうすればわかるのでしょうか?」(E美さん他多数)

相手がソウルメイトかどうかを「判断しなければならない」なら、
その人は多分、ソウルメイトじゃない。

いろいろ考えてどうにか結論が出せる、
あるいは、考えてもわからない……というのであれば、
ソウルメイトである確率はかなり低いと思うの。

なぜって、相手がソウルメイトであれば
判断すること自体が不要だから。

運命の二人が出会うとありとあらゆるシンクロが重なって、
いつのまにかレールが出来上がっていく。

その人が運命の人であると
「思わざるを得ない状況」になっていくのね。

逆にいえば、
相手がソウルメイトかどうかを知りたいなら、
流れに任せるがいちばん。

たとえあなたがなんの働きかけもしなくても、
２人の関係が深まっていくかどうか──
それを見てみるの。

ソウルメイトの２人には、当人たちの意思以上に、
宇宙意思のほうが強く働きます。

だからこそ、あなたが動かなくても
自然にその人と会うことになったり、
まわりが勝手にお膳立てをしてくれたりということが
たびたび起きてくるわけで。

それこそが、宇宙意思が働いている証拠。

そんなことが続くなか、
２人が自然に寄り添っていくような
感覚があるなら
その人は十中八九、あなたのソウルメイトよ。

188

ご縁とカルマ

占星術でカルマを意味するものは、
「土星、冥王星、ドラゴンヘッド」の3つ。
この中で、冥王星は世代的、あるいは人種・民族的なカルマ。
一方、個人のカルマを教えてくれるのが、土星とドラゴンヘッド。

この2つの違いは何かというと、
土星がその人だけのカルマなのに対し、
ドラゴンヘッドは一族が家系的にもつカルマだってこと。
つまり、一族のカルマを癒やすということに関していえば、
直接関わっているのはドラゴンヘッドのほうなのね。

ドラゴンヘッドは惑星でも天体でもなく、専門用語で「ミステリーポイント」と呼ばれる、計算上のポイント。
計算上のポイントだから、実体がないの。

にもかかわらず、その影響力はとてつもなく大きい！

興味深いのは、このドラゴンヘッドが

ソウルメイトとのご縁を示すものでもあるってこと。

ということは……そう。

ソウルメイトって

「一族のカルマを昇華するために選ばれたパートナー」

なのですよ！

ソウルメイトが登場すると

「本人たちより家族のほうが乗り気になる」

という現象が表れるのは、まさにそのため。

家族が本能的に察知するの。

その人が家族の一員になることで、

みんなが幸せになるということを。

そして、ご先祖様の魂までも癒やされるということを。

相手の条件やスペックからではなく、

それを本能的に感じ取るのね。

ドラゴンヘッドが意味するものは、「ご縁」と「カルマ」。

この2つもまた、コインの裏表。

ともに取り組むべきカルマがあるからこそ、

ご縁が生じるのですね。

189

うまくいかない理由

人生をよくするのは、意外に簡単。
拍子抜けしちゃうほど簡単です。
スムーズにいくことだけをやっていればいいんだもの。

うまくいかないのは、
自分に合わないことをやっているから。
つらいことが多いのは、
いるべき環境に身をおいていないからです。

障害というのは、「そっちじゃないでしょ」
という宇宙からのメッセージ。
宇宙からのダメ出しなんですよ。

宇宙の場合、最初のうちは小さいメッセージを
ちょこちょこ出してくるんだけど、
何度出しても私たちがそれを無視し続けると、
ある日、ガツンと大きなメッセージを降ろしてくる。

これがいわゆる「ショッキングな出来事」。
「これでもわからんかーーっ!!」っていう、
宇宙からの最後通牒なのね。

私は何をやってもうまくいかない、不運な人間だ……
そんなふうに思っている方、よーく聞いてください。

「うまくいかない＝不運」ではありません。
うまくいかないというのは、単なるメッセージ。
あなたが道を逸れないよう、宇宙が通行止めにしてくれてるの。

だとすれば、道を変えればいいだけのこと。

あなたに相応しい道に入った途端、
流れが変わるのがわかるでしょう。
そう、険しい凸凹道が舗装道路に切り替わったような。
スムーズに進む道、そして環境——
まずはそれを見つけましょう。

そのためには、「行動」です。

190

新時代のパートナー選び

天王星は時代のシフトチェンジを担う、
宇宙最強の「改革者」。

この天王星は2026年4月まで
「愛とお金」を支配する牡牛座に滞在中。
この間、恋愛・結婚に対する私たちの意識も、
かなり変わっていくんじゃないかしら。

天王星は古い慣習を打ち破り、
現代に即したバージョンアップをはかるのが使命。

となれば、恋愛や夫婦における
「〜であるべき」「〜するのが普通」といった
旧時代の価値観も崩れていってしかるべき。

「結婚しても別に一緒に住む必要はないよね」、
「料理と子育ては夫に任せてるの」というように。

天王星は「自立」「独立」を促す惑星だから、
夫婦別姓を選ぶ人が多くなるし、
同性婚を認める国がますます増えていくはず。

パートナーに求めるものも当然、変わってくる。

これまで条件重視でパートナーを探していた人も、
「いや、そこじゃないよね」と気づく日がやってくる。

自然体でいられる相手、
一緒にいて心地いい相手というふうに、
求めるものが変わってくるの。

楽しい、シアワセ♪と感じる瞬間が同じだったり、
食の好みが同じだったりね。

頭ではなく、五感でパートナーを選ぶ時代がきた
ということね。

宇宙と親友になる

そうそう、これも言っておこうかな。
じつは宇宙って、わりと人見知りなんですよ。
けっこうシャイなのね。
なので、友達になるまでちょっぴり時間がかかります。

でも、こちらからしょっちゅうコンタクトしてると、そのうち、
いろんな物事を通してメッセージをくれるようになるの。
あなたがそれを読み取れるようになれば、晴れて友情成立！

人間だってそうでしょ。
最初から10年来の友人みたいに仲良くなることもあるけど、
たいていは、何度か会ううちに友情が築かれていくわけで。
仲良くなるのに、ある程度の時間は必要じゃない？

宇宙は言葉がしゃべれないから、
私たちがサインをキャッチしてメッセージを読み取るしかない。
それに慣れることが、宇宙と親友になる秘訣なのね。

192

プアな人は
「ネット情報」を鵜呑みにし、
リッチな人は
直接「人」に会って情報を得る

リッチマインドのもち主にとって、
ネット情報はあくまでも参考程度。
直接人に会って聞くことの大切さを知っているのです。
知識や情報だけでなく、
「ご縁」を得られることが人と会う醍醐味。
積極的に人と関わり巻き込むことで、
リッチマインドは育っていくのです。

五感と直感の関係

直感を磨く方法を尋ねられることが多いのですが、
じつはこれ、非常に多くの人が誤解してらして。
取材なんかでも「えっ!?　そうなんですか??」って
よく驚かれるんだけど、磨くべきは直感ではありませぬ。
五感です、「五感」!

そもそも、直感というのは五感の集合体。
五感が研ぎ澄まされて、
あるレベルを超えたときに生まれるもの——それが、直感。
内臓のひとつひとつがしっかり機能してたら、
身体は丈夫になるでしょ。
同じように、五感が研ぎ澄まされていれば、
直感はおのずと鋭くなるの。
なので、「直感を磨く方法は?」というご質問に対しては、
「五感を磨いてください」——これが、答え。
直感そのものを磨く術はないし、その必要もないってこと。

ちなみに、五感が研ぎ澄まされていて何がいいかっていうと、

まず第1に、宇宙のサインを逃さずにすむ。

宇宙のサインってほんと、

絶妙なタイミングで降ってくるんですよ。

そもそも宇宙がサインを送ってくるのは、

レールは敷いといたよっていうお知らせであることも多いから、

サインに気づいて即行動を起こせば、物事の進展はスムーズ。

とんとん拍子に進みます。

宇宙のサインをキャッチできるかどうかで、

成功のスピードが変わってくるのね。

サインは必ずしも視覚から入ってくるとは限らない。

ふと耳にした会話がサインになることもあれば、

頬をなでる風や、沈丁花の香りがサインになったりすることも。

だからこそ、五感すべてをONにしておかなければ。

つまり五感って、

宇宙のサインをキャッチするアンテナなのですよ。

五感というアンテナがしっかり立ってるか、

それとも、折りたたんで寝かせたままになってるか……

それはもう、天と地ほどの差。

行動のタイミングと風向き（方向性）を知るうえで、

何より重要なものなのです。

194

宇宙的アレンジ

会社から解雇される、契約を打ち切られる……
あなたが望んでいないのにもしこういうことが起こったら、
それは「次のステージに行きなさい」という
宇宙からのメッセージ。
そのお仕事からはもう、学ぶことがないのでしょう。

つまり、卒業の時期が来たっていうこと。
学校には卒業があるでしょ？
だったら仕事や職場にだって卒業があって当たり前。
その環境で学べることがなくなったら、
さっさと卒業すべきなんですよ。

でも、人間って安定を求める生き物だし、
なまじ居心地がよかったりすると、
自ら現状を変えようっていう気には、なかなかならない。

そんなとき、宇宙は見かねて卒業勧告を出すのです。
「ちょっとちょっと君さ～、こんなとこに留まってる場合じゃない

でしょ？　次のステージに行かないと！」
ってな感じで、今あるものとの縁を強制的に切ってしまうの。
いくら学校が大好きで
「卒業なんてヤダーッ」といったところで、
ずっといられるわけじゃないでしょ？
学ぶべきことを学んだら、卒業しなきゃいけない。
それと同じことを、宇宙がしてくれてるだけのこと。

表面的には退職勧告とか契約を打ち切られるとか、
けっこうショッキングな形になるかもしれない。
それでいいのです。

そんなことでもなければ、
あなたは自分の本当の力を発揮せずに
人生を終えてしまうかもしれないから。

宇宙はね、
意地悪で事を起こすことは決してない。

すべてはあなたの輝ける未来のため。
あなたの可能性を花開かせるための、
宇宙流の采配なのです。

195

体調が答え

先日マダムＹから、こんな相談が。

「Keikoさん、うちのＮ美の話を聞いてやってくれない？　いま付き合ってる人と結婚したいっていうのよ。彼はソウルメイトだからって。でも、私はどうも違う気がするのよ……」

その日の話ぶりで、答えはほぼわかってた。
肉親が本能的に違うと感じる相手が
ソウルメイトであることは、まずないもの。
でもまあ、そんなことは言わずに、
後日、Ｎ美ちゃんと待ち合わせをしたときのこと。
遅れてやってきたＮ美ちゃん、のっけから
「Keikoさん、スミマセーン。朝起きたら頭ガンガン痛くて。昨日彼と海に行ったのが悪かったのかなあ」。
ああ、やっぱり。それが、答え。
どうやらマダムＹの勘は正しかったみたい。
マダムＹにそのことを伝えると、
「そう、そうなのよKeikoさん！　私が感じてたのは、それなの。

こないだもそうだったんだもの。彼と会って帰ってきて、あの子、
次の日風邪で寝込んだのよ。あの彼と会うとよく体調崩すか
ら、なんかおかしいと思って……」
付き合うべき相手なのかどうか。ソウルメイトなのかどうか。
答えを知っているのは脳ミソじゃないですよ〜。
身体です、あなた自身のカ・ラ・ダ。
もっというなら、数十兆個の細胞たち。

ソウルメイトかどうかは、頭で考えてもわかりません。
それどころか、間違った答えを出すことさえあるの。
というのも、私たちの脳は
「利益になるかどうか」で判断するクセがあるから。
一方、身体は嘘をつかない。
ソウルメイトと会った日は細胞が喜んで体調がよくなるし、
逆に、相手が好ましくない人であれば
N美ちゃんのように風邪をひいたり、お腹が痛くなったり、
身体がこわばったりする。
それらはすべて、サインなんですよ。身体からのサイン。

ソウルメイトが与えてくれる安心感は、何にも代えがたい宝物。
そんな至福の安心感を味わった日に、
体調がよくならないわけがないじゃない?

196

迂回せよのサイン

「失敗したときのことを考えると新しいことを始めるのに躊躇してしまいます。人生を大きく変えてみたい！とは思うのですが、勇気が出ません」（E美さん）

E美さん、「失敗したら人生終わり」なんて思ってない？
そんなことないですよー。全然ないです、そんなこと。

失敗とかうまくいかないっていうのは
「もっといい道がある」もしくは
「今はその時期じゃない」。このどちらかなのね。
いずれにせよ、単なるサインだってこと。

道を走ってたら通行止めになってて、迂回の表示が出てた。
そんなとき、「ああ失敗した……人生終わりだ……」
なんて思うかしら。思わないでしょ？
このまま真っすぐは行けないけれど、
違う方向からなら行けますよってだけのことだもん。
人生も同じなのよ。

たとえば、私の友人T君。
内科医の彼は10年前、病院勤めをやめて
都内に開業したんだけど、まったくうまくいかなかったのね。

でも、思いきってとある地方都市に診療所を移したところ、
患者さんが続々押し寄せ、分院をつくるまでになっちゃった。
ちょっと道を変えたら、大成功したわけ。

T君はそもそも、都内でうまくいかなかったことを、
失敗とはまるで捉えてなかった。

「そっかー、都内はダメかあ。じゃあ、〇〇市でやってみるか」
と、速やかに迂回したのね。

T君の例からもわかるように、そもそも失敗なんてないし、
だから「失敗すると思うと……」なんてことも考えなくていい。

万が一思い通りに事が運ばなかったとしたら、
方向性を変えるか、やり方を変えてみるか。
あるいは、少し待ってみればいいのだから。

197

惑星と人の意識

ご存じでしょうか。
惑星と人間の意識が密接にリンクしてるってこと。
そう、人々の意識がシフトすると、
新しい惑星が発見されるのですよ。

たとえば、こんな経験ないかしら?
もう何年間も通ってる道で、
ある日ふと見慣れない看板が目に入り、
「あれ?　こんな看板あったっけ??」と不思議に思った……
なんてこと。
でもねー、この看板、あったんですよ。ずっーーっと前から。
ただ、自分の意識に入ってこなかっただけ。

ところが、何かのきっかけで自分の意識が変わると、
違う景色が見えてくる。
それまで見えなかったものがある日突然、
視界に入ってくるの。
そう、まったく同じ道を歩いているのにもかかわらず!

惑星の発見と人間の意識も、いってみればそういうこと。
たとえば風の時代の牽引役ともいえる「天王星」。
アメリカやフランスの独立革命と天王星の発見が
ほぼ同時期というのは、人々がその頃
「自由」「平等」「権利」という概念にようやく目覚めたこと、
そして、さらに「闘ってでもそれを勝ち取りたい！」と
痛切に感じるようになったことを意味してるの。

私たちが生きているこの社会は
天王星の発見から始まったといってもいいかもしれないわ。

天王星は木星、土星なんかと比べるとイマイチなじみがない。
むしろ、マイナー。
天王星って大事なの?と思ってる方もいらっしゃると思うの。
でも、大事ですよー天王星は。
つまらない人生なんて真っ平ごめん！
めいっぱい人生を楽しみたいもん！という方にとって、
天王星は必要不可欠な惑星なのです。

198

Mr.Changが
教えてくれたこと

それは、ある土曜日の晩。
タクシーで帰宅し、支払いをしようとしたところ

「あれ？　あれれ？　お財布はどこ？（ゴソゴソゴソ……）
え、うそっ。ウソでしょー！ないよー、ない!!（汗）」
なんと、お財布がないのです。
バッグの中をいくら探してもない……。
ないことが決定的になって、みるみる顔が青ざめる私。
ひゃ～～、どうしよう……（泣）。
運転手さんはすごーく気の毒そうな顔をして、
「お金、明日でいいですよ」。
結局、料金は翌日営業所に持参するということで
ご了承いただき、タクシーを降りようとしたまさにそのとき、
"チロリロリ～～～ン♪" というスマホの着信音。

見慣れない番号からかかってきたその電話をとると……

「私、○○ホテルのフロントマネージャーT山と申します。
夜分に大変申し訳ございません。
いま、お電話よろしゅうございますか？　じつは今、
当館にご宿泊のお客様が近くの道で
お財布をお拾いになりまして……」

あ、あったあ……
私のお財布を拾ってくれた方がいたんだあ（泣）。
神様仏様、そして宇宙くん、ありがとーーー!!
そのときの安堵感、とてもひと言では言い尽くせません。
タクシーの運転手さんも
「いやーお客さん、よかったですねえ、ほんとに。
私もほっとしましたよ〜」
と一緒に喜んでくださり、お財布のあるホテルへUターン。

ホテルに着くと、
電話をくださったマネージャーのT山氏が出てきていわく、
「拾ってくださったお客様は香港の方でございまして。
もち主様にご自身で手渡したいとおっしゃっているので、
いまお呼びしますね。少々お待ちくださいませ」。

10分後、目の前に現れたのは
60代後半とおぼしき、品のいいご夫婦。

Mr.Chang と名乗るその男性は
ニコニコしながら私に握手を求め、
「はいコレ。キミのお財布ね。○○○の前に落ちてたよ」。
あ〜、そっかー。
あそこで袋を入れ替えたとき落としたんだ……。
恐縮して、何度もお礼を申し上げる私。

すると、どこか大黒様を彷彿とさせるMr.Changは
一瞬だけ真顔になって、こうおっしゃった。

「今回は僕が見つけたからよかったけど、
ひとつ忠告していいかな。
お財布を落とすのは、気が緩んでいるときなんだよ。
今後もっと大きなものを落とさないように、
気を引き締めておきなさい。
それと、目の前にある大切なものに
ちゃんと気づかないといけない。
大事なものに気づいてないときも、よくお財布をなくすんだ。
お財布がなくなったとき、キミ、すごく困っただろ？
あるのが当然と思っちゃいけない。
あることに感謝しないとね」

……（絶句）

そうかもしれない。

最近ちょっと気が緩んでたし、

それに、感謝の気持ちを忘れてた。

「あって当然」と思っている節が、確かに、あった。

Mr．Changの言葉に息をのみ、茫然とする私。

そんな私の心を見透かしたように、

Mr．Changは

「ま、そういうこともあるってこと、覚えておきなさい。OK？」。

そう言いながら私の肩をポンと叩き、

夫人と笑いながら立ち去ったのでした。

これもサインだと気づいたのは、その直後。

「大事なものに気づきなさい」──

宇宙はそれを伝えたかったんだ。

私がそれに気づかないからお財布を紛失させ、

Mr．Changの口を使って伝えてきたんだわ。

宇宙クンて本当に手の込んだことするわね……

と感心しながらも、なぜか涙がにじんだ。

悲しくなんかないのに、ね。

199

土星逆行の意味

「占星術を知らない人でも水星逆行だけは知っている」
というほどメジャーになってきた水星逆行。
とはいえ、逆行するのはなにも、水星だけじゃありません。
金星だって火星だって木星だって、
月と太陽以外の天体はすべて逆行するのです。
なので、逆行に対して
さほど神経質になる必要もないのですが、
とはいえ、意識はしておいたほうがいいでしょう。
意識というか、「意味を知っておく」。
意味を知っておくと、逆行を有効利用できるからね。

惑星ってそもそも、意味もなく逆行はしないのよ。
そこには必ず、意味がある。
その意味を理解して、それに相応しい行動をとれば、
その行動ひとつひとつがいずれ実を結ぶ。
何がしかの結果を生みます。

それでいうと、「土星」。

土星が逆行するのはズバリ、
不安定なものを安定させるため。

・あやふやなものを確実にする
・グラグラしてるものをしっかり固定する
・弱々しいものを強固にする
・中途半端になっていたものを完成させる

土星が逆行する目的って、こういうことなのね。
土星が逆行する約4か月間で、心もとないものを
「よし、これでもう大丈夫！」と言えるまでにもっていくのが理想。
これでカンペキ！と言えるまでになれば最高ね。

「逆行＝復習の時期」というのは
なにも土星に限ったことではないけれど、
土星の場合、これがとりわけ顕著。
土星逆行期間を利用して地固めをしたものは
めったなことでは崩れないし、倒れない。グラつかない。
あなた自身の強固な砦になってくれるの。

＊2024年の土星逆行期間：6月30日〜11月15日
　2025年の土星逆行期間：7月13日〜11月28日

200

破壊は再生ありき

「先日の祝賀会を境に、クレームを下さった方と祝福の言葉を
送って下さる方、この二つに別れました。前者には悲しいかな、
相当信頼していた方も含まれていて、一生の思い出となる祝
賀会で、大きな学びを得ました。が、同時にとても苦しい、人
間関係の破壊の時期でした」（M子さん）

冥王星が動いたときの破壊って、
次のステージに行く準備ができている人には
キョーレツに効きます。
人生に全面刷新がかかる人もいるでしょう。
たとえば、今回のM子さん。
M子さんは今回の受賞を機に世に認められ、
ますます多くの人に注目されるようになるはず。
次のステージに行くわけです。
このとき、次のステージに相応しい人はM子さんと一緒に
上がっていけるんだけど、そうじゃない人とは、ここでお別れ。
でも、それを判断するのは自分じゃない。宇宙です。
だって、人が人を判断するのって難しいでしょ?

「これまでずっと仲良くしてきたんだから……」

などという感情が入ったり、そうかと思えば

「あの人とは、一応つながっとかないと」みたいに、

先々の利益のことを考えたりもする。

いろんな思考や感情が入るから、正確なジャッジができないの。

そこで代わりに、宇宙が判断を下すわけね。

M子さんはこうおっしゃってましたね。

「とても苦しい、人間関係の破壊の時期でした」

わかる、わかりますよー。それが冥王星のやり方だから。

冥王星は、甘っちょろいやり方はできない。

不要なものはバッサリ切る——これだけです。

ちなみに、M子さんの場合はたまたま人間関係だったけど、

どこに出るかは人によって違います。

破壊と再生が仕事上でくる人もいれば、

肉体や健康面にくる人もいるし、お金や収入に出る人、

家族関係やパートナーシップに表れる人……さまざまです。

でも、それがどこにどんな形で表れるにせよ、共通項がひとつ。

それは、必ず再生するということ。

再生前提の破壊だということ。

そして、破壊後は確実にバージョンアップするということ。

であれば、破壊と再生のプロセスを、

むしろ楽しんでみてはいかが?

201

新月と満月はワンセット

新月の日に願いを書く人は多いと思うけれど、
じゃあ、満月はどうかしら?

この世はすべて、
「陰陽の法則」で成り立ってるの。

新月は新月だけで存在するわけではなく、
新月&満月でワンセット。

新月と満月、この2つで
ワンサイクルが完成するのね。

新月では叶えたいことを願うけれど、満月で何もしない……
というのは、尻切れトンボもいいところ。

これ、種を蒔いただけで
刈り取らないのと同じことですもの。

340

新月で願いを書いたなら必ず、
満月でも書かなくては！

とはいえ、新月と同じことを書くわけじゃない。

満月で書くのは、あくまでも「感謝」。

新月で願うものを「意図」し、
満月で「感謝」する——

願いを叶えたいなら、これが基本と心得て。

[Keiko的金言]

202
沈黙が心地よければ、その愛は本物

その人とつねに会話をしていないと
落ち着かないなら。言葉が途切れるのが恐いなら。
その人はあなたの相手じゃないかも。
沈黙すらも会話になるのが、
あなたに相応しい人。

203

「積極的に」待つ

開運の基本は、行動。
とはいえ、待ちの姿勢がベターなときもあるの。

地球において、「動く」と「待つ」はワンセット。
つまり、動くことと待つこと、どちらも同じくらい
意味があるんだけど、重要なのは、その待ち方。
どうやって待つかが大事なのですよ。

私が思う最高の待ち方は、「積極的に待つ」こと。
どういうことかって？

積極的に待つというのは、
いざチャンスがきたときにすぐ動けるよう
「自分を高めながら待つ」ってこと。
そうすることで、待ちの時間が
「攻めの時間」になるの。

多くの方は、「待つ＝何もしない」と

誤解してるんじゃないかしら?

でも、そうじゃないんだなー。

考えてみて。

大きな収穫がほしいってとき、

種を蒔いてそのあとほったらかし……

なんてこと、あるかしら?

水をやったり、肥料をやったりするでしょ?

除草したり、陽の当たり具合を

調整したりもするかもしれない。

豊かな収穫を手にしたいと思ったらやはり、

それなりのことをしなくては。

そうやって手間暇かけた畑と、

なーんにもしないほったらかしの畑——

収穫に差が出るのは当然じゃない?

私たちだって同じこと。

結果を出したいなら、強運が欲しいなら、

自分という畑をしっかり耕しておかなければ。

人生って結局、自分という畑を

「どれだけ肥沃な土地にできるか」なのよ。

204

勢いを利用する

「どうしたら流れに乗れますか?」
というご質問にお答えしておきましょう。

そもそも流れに乗るというのは、
宇宙とリズムを合わせることなのね。
そのためにいちばん効果的なのが
「天体がサイン(星座)を変えるタイミングに便乗する」。
これなんです。

月や惑星たちが12星座を移動すること自体、
「流れ」そのもの。
せっかく流れをつくってくれてるんだから、
それに便乗しちゃえばいいのね。

私が新月・満月のたびにテーマを解説したり、
ラッキースター木星がサインを変えるたびに
具体的なアクションをお伝えしてるのは、
天体のサイン移動に便乗することで

みなさんに流れに乗ってほしいからなのね。

そして、もうひとつ。

「惑星が逆行から順行に切り替わるタイミングに便乗する」

これもまた、流れに乗る効果的な方法。

惑星が順行から逆行に転じるときと、

逆行から順行に転じるときって

大きなパワーシフトが起こるのね。

このうち、逆行に入る直前では

ある種の「歪み」が生じるから、予想外のことが起こりやすい。

思いきった行動には不向きです。

逆に、逆行から順行に戻るタイミングでは

惑星がそれまでずっと溜め込んでいたエネルギーを

ここぞとばかりに放出しようとする。

そう、とてつもない勢いが出るの。

なので、こちらも「それ行けーーっ！」って感じで

思いきった行動に出ると、

そのままスイッと波に乗れちゃう。

まさに、勢いという流れに乗るわけね。

205

運の補強

私の友人のなかで、
最強のホロスコープのもち主の一人が、アン ミカちゃん。
彼女が素晴らしいのは、
生まれもった星の配置もさることながら、
それを見事に「活かしきってる」ってこと。

ここで、こんなふうに思った方、いらっしゃらないかしら?

「アン ミカさんみたいに素晴らしいホロスコープを
もっていない人はどうなるの?」
「生まれもった星がよくない人は、一生そのままなの?」

答え：「まったく問題なし！」
生まれもったものがイマイチだったら、
その後の人生で補強していけばいいだけのこと。
ひ弱な体質に生まれたって、
トレーニングを重ねれば筋力がついて丈夫になるでしょ?
それと同じことです。

私たちのもとには、
宇宙からつねにエネルギーが降り注いでいるわけだから、
それを受け取って自分の血肉にしていけばいいの。

たとえば、新月と満月。
2週間ごとにやってくる新月・満月は
とにかく、エネルギーが強い!
さらに、波動が高い!!
この2つを意識して過ごすだけでも、パワー強化としては十分。
つまり、私たちは少なくとも月に2回、
宇宙のエネルギーを受け取るチャンスがあるってこと。

生まれもったパワーというのは正直、フェアじゃない。
よい悪いはないにせよ、力の強弱があるの。
そうはいっても、私たちはその後、何十年も生きるわけでしょ?

その間、パワフルで上質なエネルギーを受け取るチャンスが
毎月2回、定期的にやってくるの。
1年に24回、10年で240回!

これだけのチャンスがあったら、
フェアじゃないとか恵まれてないなんて、
言ってられないと思わない?

206

食べ物はエネルギー

食事で大切なのはまず、栄養バランス。

もうひとつ、運を呼び込む上で
ぜひ気をつけていただきたいのが、
「古いものを口にしない」ってこと。

私たちの身体は、
自分が口にしたもので出来上がってる。
食べ物のエネルギーが、
そのまま自分のエネルギーになるわけ。

だから、古いものを食べれば
自分も古いエネルギーを発することになるし、
エネルギーの落ちたものを食べれば、
自分のエネルギーも低下する。

それって当たり前のことなのね。

「新しい一歩が踏み出せない」
「新しい流れがやってこない」という場合、
その原因が食べ物だったりすることが、
往々にしてあるのですよ。

缶詰、レトルト、冷凍食品、何日も前のもの、
冷蔵庫に長い間入っていたもの……

こういうエネルギーの落ちたものを日常的に食べていたら、
そりゃあ出てこないでしょうよ、
新しい一歩を踏み出すパワーは。

チャンスがこない、何も変わらない、
新しい世界に飛び込めない……という方は、
試しに食べ物を変えてみて。

冷蔵庫の中に何日間もおいたものとか、
冷凍食品、缶詰などをできるだけ避けて、
毎日、できるだけ新鮮なものを口にする。

それをしっかり守るだけでも、
エネルギーはおのずと変わってきますよ。

207

邪気の温床

運をよくしたいと思うなら、
避けては通れないのが「浄化」。

心や感情の浄化ももちろん大切ではあるけれど、
物理的な浄化——
つまりモノを処分することも、同じくらい大事。

たとえば、「布類」。

布類というのは、たとえばシーツ、ベッドカバー、
枕カバーといった寝具類やナイティ。
カーテン、クッションカバー、玄関マットのようなインテリア系。
タオル、バスマット、ハンカチ、下着やお洋服もそうよね。
そういった布類を処分するの。

すべて処分！というわけではもちろんなくて、
古いものから処分していけばOK。

布ってとにかく、邪気を吸うのですよ。
私たちの身の回りにあるもので
いちばん邪気を吸うのがじつは、布類なのね。
なかでも直接肌に触れるものは、
自分自身の古いエネルギーをめいっぱい吸い込んじゃってる。
古い下着やリネン、タオルをずーっと使ってるのは、
サナギ時代の殻を付けている蝶みたいなもの。

私がよく「下着はこまめに変えてね」
と言ってるのは、それが布だからなのね。
なかでもエネルギーシフトに直結するのが、寝具と下着。
この2つがいちばん、即効性あるかな。
次に、服。
そして、タオル、バスマット、玄関マット、スリッパ。
何を処分したらいいか迷う方は、この順番でやってみて。

自分の古い波動を吸い込んでもう、
苦しいくらいいっぱいいっぱいになっちゃってる
たくさんの布類たち……。

「ありがとう」のひと言とともに、
気持ちよく手放してあげてね。

208

輝ける道

どういう道に進むにせよ、
決して忘れないでいただきたいのが
あなたがそこで「輝けるかどうか」。

やり甲斐も大事だけれど、それ以上に
「自分が輝ける仕事」を選んでほしいの。

輝いて見えるというのは、
細胞が喜んでいる証拠。
数十兆個の細胞たちがこぞって
GOサインを出してるってことなのね。

「でも、輝いてるかどうかなんて
自分じゃわからないでしょ?」と

そう思うかもしれないけど、さにあらず。

輝いてると人に褒められることが多くなるから、

ちゃーんとわかるのですよ。
自覚できる。

「自分のことがいちばんわからない」
という人間の弱点を宇宙はちゃーんと知っていて、
だからこそ宇宙は、人の口や言葉を通して
メッセージを送ってくるわけなの。

人に声をかけられることが多くなる、
という現象もそのひとつ。

これはもうほんと、顕著に出るわよ。

街で知らない人に話しかけられたり、
道を聞かれたり、
ニッコリされたりすることが多くなってきたら、
ひそかにガッツポーズを（笑）。

209

痛みはサイン

いま現在、身体に痛みやトラブルを抱えてる方、
いらっしゃいますか?

もしかすると、その原因は
「我慢のしすぎ」かもしれない。
100%とはいわないけれど、
それが不調の要因である可能性は大。

・身体のどこかに痛みがある
・慢性的な疲労感がある
・原因不明の体調不良が続いている

そんな方は、自分が
「何を我慢し続けているのか」を考えてみて。

我慢しているということはとりもなおさず、
それがあなたに「合っていない」ということ。
いるべき環境ではない、ということです。

だったら、なるべく早くその環境を抜けださないと！
病気になってからでは遅いですから。

環境は自分じゃ選べない……
ええ、未成年のときはね。

でも、大人になってからは自分で選べる。
どういう環境に身をおくかは
自分自身の選択であり、責任です。

「なんのために我慢してるの？
身体が傷つくのは、魂が傷ついているからよ！
それに気づいて！」

それが、宇宙からのメッセージ。

不調や痛みが慢性的に続いている方は
自分にとって「居心地よい環境」とはどういうものか、
改めて考えてみて。

その答えがわかったら、その環境へシフトする。
いますぐは無理でも、なるべく早いうちにね。

210

バランスが命

この世は「陰陽の法則」で成り立ってる。

ありとあらゆるものに
2つの相対するエネルギーがあって
その絶妙なバランスの上に成り立ってるのね。

逆に言えば、バランスが崩れると
健全な状態が保てなくなるの。

実際、あらゆる問題やトラブルは、元をただせば
「バランスが崩れたこと」から生じてるわけで。

たとえば、栄養のバランスが崩れると体調不良になるし、
感情とメンタルのバランスが崩れると心が病んでしまう。

恋愛や結婚だって、
どちらかだけに負担がかかったり、
犠牲になってばかりだったりすると、

長くは続かないでしょ?
すべてはバランスなのよ。

大事なのは、
「無理がかかってる」「なんかおかしい」
「健全じゃない」って感じたとき、そこですぐさま
そのアンバランスを立て直せるかどうか。

それができれば運は安定してくるものよ。

［Keiko的金言］

211
放置プレイで愛され度をはかる

相手の気持ちを確認したいなら、
あなたから一切連絡しないこと!
放っておいて向こうからお誘いがあるなら、
2人の関係は進展するはず。
返信は短く、素っ気ないくらいがベター。

212

潜 在 意 識 の 象 徴

整理整頓というとどうしても、リビングや仕事場を優先しがち。
でも、それ以上に大事なのが、
引き出しやクローゼットといった「隠せるスペース」。
じつはここ、あなたの潜在意識そのもの。

こういうスペースって、
扉を閉めてしまえばいくらでも隠せるでしょ?
表面上はわからない。
それこそが、潜在意識なわけ。

なかには、開運アクションを試みても
なぜか効果を
実感できずにいる方がいらっしゃる。
パワーが上滑りするというか。

こういう場合、犯人は十中八九、「潜在意識」。
黒い絵の具にはどんな色を混ぜても
黒にしかならないように、潜在意識がネガティブだと、

どんなにいい波動を入れてもかき消されちゃうの。

その場合、どうすればいいか?
もっとも効果的なのは、
視界に入ってくるものを変えるという方法。
「視界をさえぎるものが何もない」という状態を
意図的につくるの。

もし、いま住んでいるところの視界がよくないなら、
はるか遠くまで見渡せるような環境に
引っ越すことをおすすめするわ。
「視界＝可能性」だから。

それが難しいというのなら、とりあえず
隠れている部分をきれいにする。
徹底的に整理して、整然とした状態にする！
これをぜひ、実行してみて。

大切なのは、その状態を「キープする」ということ。
整理した直後はよかったけど、
2日したらまたゴチャゴチャ状態に戻っちゃった……
みたいな感じだと、潜在意識はなかなか変わらない。
こまめに整理する習慣をつけないとね。

213

水 に 流 す

宇宙元旦（＝春分）前の1か月は、魚座の季節。
ここではエネルギーのベクトルが、
「無条件の愛」へと向かいます。

ひとつ前の水瓶座で
「自由と平等」を求めて戦ったあと、
最終的に愛へと向かう──

それが、12星座のラストサインである魚座のテーマ。

昨日までは敵だったかもしれない。
ライバルだったかもしれない。
傷つけあったかもしれない。
でも、それはそれ。
意識をそこに留めていては、なんの成長もない。
12星座という旅路を完成させたことにはならないのです。

魚座が意味する愛は「無条件の愛」。

見返りを求めない、という意味もあるでしょう。
でも、それ以上に、許すこと。
犠牲を払ったけれど、恨まない。
傷つけられたけど、水に流す。

無条件が意味するものは許しであり、
過去を「水に流す」ことなのです。

もしあなたが今、
ネガティブな思いにとらわれているとしたら
どうぞ愛ある選択をしてください。

愛ある選択をした人を、
宇宙は決して見逃さない。

いえ、見逃せないの。
できる人が少ないから。

できる人が少ないだけに、
愛ある選択をした人は誰よりも光り輝いて見える。

そんな人が、
宇宙の目に留まらないわけがないのです。

214

好きなことが
わからないなら

「自分の好きなことがわかりません。
好きなことを仕事にといわれても、
好きなことがわからないんです。
こういう場合はどうしたらいいですか?」
(I美さん)

これもまた、よくいただくご質問ですね。
答えは簡単。
自分の好きなことがわからないなら、
「人を喜ばせる」。

人が喜ぶことを仕事にしてください。

大切なのは、
そこに「感謝」と「喜び」があるかどうか。
自分のやったことから
喜びの波動が生まれるかどうかなのね。

喜ぶのは誰だっていいのよ。
自分が喜べない（＝好きなことがわからない）なら、
人を喜ばせてあげればいいじゃない?

何かをしてあげて人が喜んでくれたら、自分もうれしい。
それが自分自身の喜びになるでしょ?

好きなことがわからないなら、探さなくて結構。
わざわざ探すほどのものでもないしね。

それより、ベクトルを変えてみて。
自分から「人」に、意識の矛先を変える。
「どうやってみんなを喜ばせよっかな〜?」って。

仕事の本質って、結局ここなのよ。

好きなことがない、わからないなら、人が喜ぶことをやる。
それを、とことんやってみる！

それを続けているとやがて、
自分独自のスタイルが出来上がってくるはず。
それが天職へと昇華していくのよ。

215

定期クリーニング

満月は桜に似てますね。
完璧なまでの美しさが、
明日にはもう欠けはじめてしまうという点で。

そう。
桜であれ月であれ、
満ちたものは散る運命にあるのです。

永遠に満ち続けるものなど、この世に何ひとつない。
万物は流転する——
それが宇宙の法則だから。

満月では、満ちる力以上に「散る力」が強力です。

2週間かけてようやく満ちた月は、
その直後にはもうその形を変え、
過剰なエネルギーを散らす方向へと向かいます。

とくに月食のときは、
あなたの中で何かしら、
散っていくものがあるかもしれない。

仕事への情熱、モチベーション、がんばる力。
ある人への思い、必死でつないできた人間関係……etc.

それでいいのです。
エネルギーを注ぎ続けたものは、
いずれ臨界点に達するときがやってくる。

熟しすぎた実が落ちるように、
過剰なものは朽ちてゆくのです。

そして、そのあとには必ず、
大きなスペースができる。
それこそが、「浄化」。

半年ごとにやってくる月食は、宇宙による徹底浄化——

定期的なクリーンタイムなのです。

216

手放すものは
ひとつでいい

「ずっと結婚の話がすすまない彼にお別れを伝え、今年のお正月にお別れをしました。そうしたら数年前からの男友達が彼氏に急浮上! ピンと来て、この人だ!と感じてからあっという間に結婚を決めてしまいました。それから仕事のステージも広がったり、とある法人の理事に大抜擢されたり、とにかくすごいんです! 元の彼とお別れをしたことをきっかけに、今までちっとも芽の出なかったいろんな幸せの種がぽんぽんと芽吹いています!」(W佳さん)

そう。そうなんです。

物事がうまくいかないのには、理由がある。

何をやってもうまくいかないなら、

それは流れを阻止してる「何か」があるのですよ。

たとえば私の知人が去年、長年抱えていた腫瘍を取ったのね。

そしたら、その後の検査で血圧も中性脂肪も血糖値も、

すべて正常値になっちゃったらしい。

たっぷりついてた脂肪もとれて、何より、

あれだけ苦しんでいた痛風がピタリと治まったとか。

つまり、その腫瘍が身体全部の機能を邪魔していたわけね。

彼の場合、腫瘍を取って身体が本来の機能を取り戻したら、

仕事もうまくいくようになり、さらに

太鼓腹が平らになって恋人までできちゃった（笑）。

これぜーんぶ、たった3か月間の出来事というから驚きでしょ？

邪魔ものがひとつなくなっただけで、すべてがよい方向へと

流れだす――運も人生も、そういうもの。

みなさんのなかにもし、何をやってもうまくいかない、

仕事もプライベートも不満だらけ……

という方がいらっしゃるなら、

「流れを押しとどめている何か」があるんじゃないかしら。

それを早いとこ、取り除かないとね。

それが何なのかわからない？

いえいえ、そんなことはないはず。見つけるのは簡単よ。

それはあなたが日々、

いちばん「窮屈に感じていること」だから。

運をよくするにはまず、余計なものを手放すことが必要。

でもだからといって、何もかも手放す必要はないの。

まずは、たったひとつ――あなたの自由を奪っているもの。

それを手放すことで、すべてが変わり始めるのです。

217

循環で大きくなる

「私が宇宙からサポートをいただけると、その周辺の人たちも幸せな状況が起こり、その結果、私に回ってくる……というような図式もあり得るのでしょうか?」(T美さん)

ええ、もちろん!
おっしゃる通りでございます。

あなたが宇宙からサポートを受けることで

まわりの人たちにも幸せのエネルギーが伝播し

その結果、あなたにまた、運とチャンスが巡ってくる

……とまあ、
運ってそういう図式になってるわけ。

大切なのは、「循環」。

自分のもとにやってきたエネルギー
（愛、お金、仕事、人脈、情報……etc.）を
いかに気持ちよく他人のもとへ送り出すかで、
その後与えられるものの
質と総量が決まってくるの。

少ししか与えない人は、
少ししか受け取れない。

多くを与えれば、
多くのものが返ってくる。

しかもそれは、
循環してエネルギーを蓄えた分、
与えたときの何倍も大きくなって、
あなたの元に戻ってくるの。

運をダイナミックに動かしたいなら、
多くのものを、多くの人に与えること。

これにかなうものなしです。

218

最低限必要なもの

「手放すと入ってくる」——

これはもう、宇宙の大・大・大原則！
しかも、結果が早い！

私の経験では、数ある宇宙法則のなかで
結果がいちばん早いのが、これなんじゃないかと思うの。

そもそも運というのは、
スペースのあるところにやってくる。
窮屈なところが大キライなのね。

だから、運をよくしたいと思うなら、
つねにある程度のスペースをつくっておかなきゃいけない。
それが「手放す」という行為。

チャンスがこないかなあ……
とただじーっと待つのではなく、

新しいことが入ってくるスペースを、先につくっちゃうの。

だって、スペースがなかったら
運もチャンスも入ってきようがないですもん。

これがもしホテルだったら、
「空室がないのにどうやって宿泊客を入れるの?」
って話です。レストランだってそう。
テーブルがすべて埋まってたら、
それ以上の予約は取れないじゃない?

まずはスペースなんですよ、必要なのは。

宇宙には
空いたスペースを埋めようとする性質があるから、
私たちはただ、それを利用すればいいだけのこと。

どうせなら大胆に手放したほうがいいですよ。
大きくスペースが空くと、
入ってくるものも大きくなるから。

「こんなものが入ってきたら最高♪」
っていうイメージングも忘れずにね。

219

自己責任

風の時代は、自由が拡大する時代。

私たち一人一人に、自由に生きるチャンスが与えられます。

でも、それと引き換えに責任を持たなきゃいけない。

自分自身の生き方に、そして、自分がとった行動と選択に。

自由になるということは、

裏を返せば「自分で責任をとる」ということ。

私のまわりを見ていても

自由なライフスタイルを確立している人ほど、

自己責任という意識がしっかり根付いてる。

精神的に自立してるのね。

依存はしない。

人にも会社にも、もちろん、国家にも。

何があっても他者（人、会社、国）のせいにしない。

自分の人生だから、自分ですべて責任を持つ。

自由な人生を送りたかったら、

そういう意識で生きていく必要があります。

逆に、自由になれない、
毎日が窮屈で仕方ないという人は
何かに依存してるんじゃないかしら?
パートナーや家族、あるいは会社、組織に。

依存があると、
「○○○のせいで私は×××できない」
という思考にすべて帰結してしまいます。

これじゃあ、自分の手で
人生をクリエイトすることなんて、永遠にできやしない。

まずは「自立」。
依存という意識を捨てることです。

この世で与えられるものはすべて、
あなた自身の意識を反映してる。

自立した魂には自由とチャンスが与えられ、
豊かに生きる権利を手にするのです。

220

シェアする時代

その昔、パリに住んでいたときのこと。

カフェでランチをとっていると
隣の男性が食事を終え、椅子から立ち上がった。

そして、自分のビル（勘定書）と一緒に
私のビルもさっと取って、ひと言。
「キミの分、ボクに払わせてくれないかな?」

私が「え?」という眼差しを彼に向けると、
彼はほほ笑みながら

「今日はすごく気分がよくてね。
みんなに感謝したい気分なんだよ。
妻には花を買って帰るけど、キミにはランチでいいかな?」

そう言って、
ウィンクしながら立ち去ったのでした。

時間にしたら、ほんの30秒。
でも、このささやかな出来事は私にとって、
パラダイムシフトともいえるものだった。

「さすがフランス人、シャレてるわね」
っていう話じゃないのよ。

私が感動したのは
ああ、こういう与え方もあるんだってこと。

こんなふうに、サラリとスマートに。
たとえそれが見知らぬ相手であっても、
気負わず与えていいんだってことに、
目からウロコだったのです。

それから何日かして
アムステルダムにある友人のオフィスを訪ねると
秘書のエミリーが
ガラガラガラ〜とカートを引いてやってきた。
カートに乗っていたのは、
いったい何個あるのかしらって思うほどの、大量のケーキ。

エミリーがそれを
スタッフ一人一人に配って歩いてるので、
「このケーキは?　誰かの差し入れ?」と尋ねると
「ううん、今日は私の誕生日なの。
だから みんなにケーキを配ってるのよ!」

聞けばオランダでは、
お誕生日の人がみんなにケーキをふるまうのだそう。
友人のオフィスには40人のスタッフがいるから
エミリーは前の日に40人分のケーキを事前に予約し、
ランチ後にそれをもってきてもらったのだとか。

日本ではお誕生日の人がギフトをいただく側だけど
オランダでは、お誕生日の人は与える側。
もらうんじゃなくて、与える。
うれしい日だから、自分から与える。

そういえば、あのパリの男性も、
「今日はうれしいからキミの分払わせて」
って言ってたっけ。

「与える」「分かち合う」
ということが当たり前になっている、ヨーロッパの人々──

なんてステキなんだろう、見習いたい！
そう思ったのは言うまでもありません。

思えば、このときからかもしれない。
私が与えること、シェアすることを
意識するようになったのは。

200年以上続いた地の時代はいわば、所有の時代。
一方、2024年から本格化する風の時代は、
「シェア」の時代。

自分がもっているものをシェアし、
分かち合う人ほど宇宙に愛され、
豊かになっていく時代に切り替わったのです。

分かち合うのは何も、お金やモノとは限らない。
あなたの知識、情報、経験、スキル、アイデア、意見、
愛、優しさ、思いやり……
風の時代はそういう無形のものにほど、
大きな価値が宿るのですもの。

さあ、あなたは何をシェアしますか?

221

手放すべき2つのもの

2024年、冥王星が水瓶座に定着——
これが意味するものは、「風の時代、本格化」。
おなじみの風の時代が、いま以上に本格化してくるのです。

そんなとき、旧時代的な生き方をしていては、
運に見放されるだけ。
風の時代にマッチする生き方をしなくてはね。

まずは、「常識を捨てる」。
そして、「我慢をしない」。

常識的じゃない上に我慢もしない……
それって人としてどうよ!?
って思っちゃうかもしれません（笑）。

でも、それもアリなんです。おおいにアリ。
ご存じかしら?
「人生思い通りにならない」と嘆いてる人たちの多くが、

常識的で我慢強いタイプだってこと。

彼らは自分の両足に「常識＆我慢」という、
2つのおもりをつけて生きてる。
だから、思い切れない。動けない。
新しい一歩を踏み出せないのです。

「常識的な人＝立派な人」「我慢＝成功への道」
こういう考えはもう、金輪際捨ててください。
これからの時代はもう、そんなこと、ありませんから。

人生を思い通りにクリエイトしたいなら
常識を無視する勇気も必要だし、
時の流れが加速度的に進んでいる今、
そもそも我慢なんてしている暇がない！
非常識になれとはいいません。
でも、常識が絶対でないことは知っておくべき。

「我慢」を当たり前にしない。
「常識」を、行動しない大義名分に使わない！

この2つを意識するだけで
あなたはかなりの自由を手にし、自分らしく生きられますよ。

222

運を操る人

運に操られるのではなく、むしろ、自分で運を操る──
目指してほしいのは、そんな生き方。

大切なのはどうすべきかではなく、
あなた自身が「どうしたいか」。
人生は誰かに決めてもらうものでもなければ、
つくってもらうものでもない。

占い師のところへ行ったり、
人に相談したりするのももちろんけっこう。
でもそれは、あくまでも参考程度。
最終的には、あなた自身が
どうしたいかで決めるべきなの。

「どうしたいか」が明確な人は、いつだって強運。
ほしいものが明確。やりたいことが明確。

人に依存することなく、そして何より、

人生に起こることはすべて
自己責任であることを知っている。

「人生のイニシアティブをとる覚悟があるかどうか」——
宇宙は結局、そこを見てるの。

運を切り拓くのは、ほんのちょっとした勇気。
そして、冒険心。

今あるものにしがみついてたら、
それ以上のものは入ってこない。
両手がふさがってたら、
宝の山を差し出されたって受け取れないでしょ?

でも、もってるものを手放せば、
思う存分受け取ることができる。
それこそ、ダイヤモンドの山でも
エメラルドの山でも、好きなだけ!

人生だって同じこと。
「仕事はつまらないけど、今のお給料は死守したい」
そんな態度で仕事を続けていても
人生が変わることは決してないし、

ましてや、それ以上の運やチャンスなど
やってくるはずもない。

宇宙はいつだって、勇気ある者にほほ笑む。
「人生のイニシアティブは私が取る!」
という覚悟ある人に。

あなたがもし、人生に迷っているなら。
不幸じゃないけど、幸せでもないと思っているなら。
何かが足りないと、ずっと思っているなら。
そして、「何か」の正体がわからないなら――。

あなたにとって、
いちばん価値あるものは何かを考えてみて。

それを軸に生きているかぎり
人生がブレることは決してないし、
判断に迷うこともない。

人生は、価値あるものを追求する旅。

それを素直に追求する人には、
宇宙だって手を貸さずにはいられないのよ。

【参考文献】

『宇宙にエコヒイキされる願いの書き方
〜 新月・満月のパワーウィッシュ』
（講談社）

『宇宙を味方につけてちゃっかり幸せ
Keiko的開運センスの磨き方』
（大和出版）

『2人なら最高に幸せ!
運命のパートナーを引き寄せる22のルール』
（大和出版）

『恋もお金もわしづかみ!
「強運体質」になる7daysマジック』
（大和出版）

『anan』
（マガジンハウス）

No.2268、No.2272、No.2276、No.2280

『WITH』
（講談社）

2018年11月号

~~~~~~

STAFF

デザイン	soda design
イラスト	湯浅 望
校正	くすのき舎
DTP	ビュロー平林

Keiko

月を使った開運法「ルナロジー®」、新月・満月を使った願望達成法「パワーウィッシュ®」創始者。慶應義塾大学法学部政治学科卒業。(株)電通退社後、「占星術は占いではなく、星のエネルギーを読み取るスキル」というポリシーのもと、独自の切り口で開運情報の提供を開始。政財界・芸能界にもファンが多く、ブログ読者は12万人、著書累計発行部数は180万部超。「Keiko's パワーウィッシュアカデミー」では新月・満月の動画解説のほか、Keiko占星術の奥義、マゼンタパワーの実践的な使い方も伝授。『自分の「引き寄せ力」を知りたいあなたへ』『お金の「引き寄せ力」を知りたいあなたへ』(共にマガジンハウス)など著書多数。『Keiko的 宇宙にエコヒイキされる願いの書き方〜新月・満月のパワーウィッシュ』(講談社)は世界6か国語に翻訳されている。

Keiko's パワーウィッシュアカデミー
https://mi-mollet.com/powerwish

ameba 公式ブログ「Keiko的、占星術な日々。」
https://ameblo.jp/hikiyose358/

LINE 公式ブログ
https://lineblog.me/keiko_official/

LINE ブログ『moonwithyou』
https://lin.ee/VUDUkgd/

Web マガジン『Moon Sign』
https://www.ks-selection.com/blog

ルナロジーメルマガ登録URL(毎週日曜日正午配信)
https://bit.ly/2ZobXXb

Instagram
@keiko_lunalogy
@keiko_powerwish_jp
@ks_selection
@keikopowerwish(英語)

X(旧Twitter)
@keiko_updates

Keiko 公式オンラインストア
https://www.ks-selection.com

愛とお金そして宇宙
もっと豊かに生きたいあなたに贈る222のメッセージ

発行日　2024年7月11日　初版第1刷発行

著者　　Keiko
発行者　秋尾弘史
発行所　株式会社 扶桑社
　　　　〒105-8070　東京都港区海岸1-2-20
　　　　汐留ビルディング
電話　　03-5843-8842(編集)
　　　　03-5843-8143(メールセンター)
　　　　www.fusosha.co.jp

印刷・製本　サンケイ総合印刷株式会社